ABHANDLUNGEN
DER AKADEMIE DER WISSENSCHAFTEN DER DDR

Abteilung Veröffentlichungen der Wissenschaftlichen Räte
Jahrgang 1989 · Nr. W 2

Zur Anwendung moderner Rechentechnik in den Staats- und Justizorganen und in der gesellschaftswissenschaftlichen Forschung

AKADEMIE-VERLAG · BERLIN 1989

Herausgegeben im Auftrage des Präsidenten
der Akademie der Wissenschaften der DDR
von Vizepräsident Prof. Dr. H.-H. Emons

Verantwortlich für dieses Heft: Prof. Dr. Dr. h.c. Wolfgang Weichelt
Vorsitzender des Rates für staats- und rechtswissenschaftliche Forschung an der
Akademie der Wissenschaften der DDR

ISBN 3-05-001 009-6
ISSN 0138-421 X

Erschienen im Akademie-Verlag Berlin, Leipziger Str. 3-4, DDR - 1086 Berlin

Lizenznummer: 202 · 100/372/89
Printed in the German Democratic Republic
Gesamtherstellung: VEB Druckerei „Gottfried Wilhelm Leibniz",
4450 Gräfenhainichen
LSV 0435
Bestellnummer: 755 160 0 (2001/89/2/W)

00600

Inhaltsverzeichnis

Vorwort

Die vorliegende Publikation enthält Beiträge der Tagung des Rates für staats- und rechtswissenschaftliche Forschung an der Akademie der Wissenschaften der DDR am 17. Juni 1988 zu Fragen der umfassenden Nutzung der modernen Rechentechnik in den Staats- und Justizorganen und in der gesellschaftswissenschaftlichen Forschung. Im Mittelpunkt stehen dabei damit verbundene qualitative Anforderungen sowie Entwicklungstendenzen in der Leitungs- und Verwaltungsarbeit und bei der Rechtsanwendung. Es wird aufgezeigt, daß die Nutzung der modernen Rechentechnik entscheidend dazu beiträgt, die Effektivität und Wirksamkeit der Arbeit in den Staats- und Justizorganen und in der gesellschaftswissenschaftlichen Forschung weiter zu erhöhen, ihr Einsatz jedoch mit wesentlichen Veränderungen in der Arbeitsorganisation und im Arbeitsablauf verbunden ist und hinsichtlich der Komplexität der staatlichen Leitung erhöhte Anforderungen stellt.

Die sich aus der Nutzung der modernen Rechentechnik ergebenden gesellschaftlichen Wirkungen erfordern neue allgemeintheoretische und speziell staats- und rechtstheoretische Erkenntnisse.

Karlheinz Alpen

Die Nutzung moderner Rechentechnik und damit verbundene Entwicklungstendenzen in der staatlichen Leitung

Die Gestaltung der entwickelten sozialistischen Gesellschaft in unserem Lande als ein Prozeß tiefgreifender politischer, sozialer und geistig-kultureller Wandlungen stellt hohe Forderungen an die Qualität und Effektivität der staatlichen Leitung, denen unsere Staatsorgane in schöpferischer Arbeit stets aufs neue gerecht werden müssen. Diesem gesellschaftlichen Erfordernis entspricht die tiefgehende Veränderung und Entwicklung in der sozialistischen staatlichen Leitung, die in einem ursächlichen Zusammenhang mit der umfassenden Nutzung der modernen Informationstechnik[1] steht. Dabei hat diese Entwicklung – obwohl sie sich bei uns nach wie vor im Anfangsstadium befindet – doch schon eine nicht zu unterschätzende Breite und Qualität erreicht, wobei zu beachten ist, daß sie in einem hohen Tempo vor sich geht. Das sei an einigen wenigen Fakten deutlich gemacht.

1. In den vergangenen zwei Jahrzehnten sind unsere Staatsorgane in zunehmendem Maße zur Nutzung der elektronischen Datenverarbeitung auf der Grundlage von Großrechentechnik übergegangen.

Dazu wurde die erforderliche materiell-technische Basis in Form von Rechenzentren zentraler Staatsorgane und von Daterverarbeitungszentren des Kombinates Datenverarbeitung, die auch für die örtlichen Staatsorgane wirksam werden, geschaffen. Es wurden für die staatliche Leitung große Datenspeicher/Datenbanken, einschließlich die für ihre Nutzung erforderlichen ESER-Anwendersoftware entwickelt. Einen zentralen Platz nimmt dabei das Datenbanksystem der Staatlichen Zentralverwaltung für Statistik ein, das z. B. alle Daten für die staatliche Leitung der Plandurchführung in der Volkswirtschaft erfaßt und aktuell, bis auf den einzelnen Betrieb, die Informationen bereitstellen kann. Für die Arbeit der örtlichen Staatsorgane wurde und wird ein ganzes System territorialer Datenspeicher/Datenbanken aufgebaut. Dazu gehören u. a. die Bezirksdatenbanken der Staatlichen Zentralverwaltung für Statistik, die Datenspeicher Wohnungspolitik, die es in allen Städten ab 10 000 Einwohner gibt, die Einwohnerdatenspeicher, die überall, also flächendeckend existieren, die Datenspeicher territoriales Arbeitsvermögen in den großen Städten, die Datenspeicher gesellschaftliche Einrichtungen, die Banken der Reserven produktiver Fonds u. a.

2. Seit 1986 haben wir mit dem massenhaften Einsatz von Büro-, Personal- und Arbeitsplatzcomputern in allen gesellschaftlichen Bereichen, so auch in der staatlichen Leitung begonnen und damit einen qualitativ neuen Abschnitt in der Nutzung der elektronischen Datenverarbeitung eingeleitet, der schnell vorankommt. In der Volkswirtschaft insgesamt wurde Ende 1987 bereits mit 80 200 Computern gearbeitet und 1988 kommen 60 000 hinzu. In den örtlichen Staatsorganen waren es ca. 1 000 Computer zu denen jährlich 400 bis 500 hinzukommen. Im Magistrat von Berlin wird bereits mit über 100 und im Rat der Stadt Dresden mit über 50 Computern gearbeitet.

Im Rat der Stadt Dresden haben wir im Mai die Installation eines lokalen Netzes in

der ersten Etappe abgeschlossen und erfolgreich mit der Erprobung in Richtung auf die automatisierte Bürokommunikation begonnen.
Für die Arbeit des Rates der Großstadt wurde ein komplexes rechnergestütztes Informationssystem geschaffen, das bis Ende 1988 in allen Großstädten aufgebaut und eingeführt wird. Gearbeitet wird an den rechnergestützten Informationssystemen für die Arbeit des Magistrats von Berlin, des Rates des Bezirkes und des Rates des Kreises.

Es werden rechnergestützte Leitungsinformationssysteme entwickelt und die Oberbürgermeister von Berlin und Dresden haben begonnen, sie in ihrer täglichen Arbeit zu nutzen. Wir können davon ausgehen, daß sich in den neunziger Jahren in den örtlichen Staatsorganen die fachübergreifende integrierte Informationsverarbeitung durchsetzen wird.

Am weitesten verbreitet ist z. Z. der autonome Einsatz von Büro- und Personalcomputern zur Leitung einzelner Prozesse, wofür Hunderte von Anwenderprogrammen erarbeitet wurden. Das darf nicht unterschätzt werden, da das der Beginn eines langandauernden Lernprozesses in der Arbeit mit den Computern ist.
3. Verbunden mit den vorgenannten Entwicklungen wurden neue rationelle Organisationslösungen für Arbeitsprozesse auf der Grundlage einheitlicher Primärinformationen und -dokumentationen erarbeitet, hunderte Arbeitsplätze umgestaltet und viele Tätigkeiten in den Staatsorganen verändert. Tausende Leiter und Mitarbeiter haben sich qualifiziert und sich neue Fertigkeiten und Fähigkeiten angeeignet.

Diese knappen Aussagen zur Nutzung der elektronischen Datenverarbeitung – die über Prozeßabläufe, komplizierte Entwicklungsprobleme, vorhandene Hemmnisse usw. nichts sagen – zeigen aber die Breite und das Tempo dieser Entwicklung in der staatlichen Leitung. Sie machen erneut bewußt, daß es geboten ist, sich mit diesen Entwicklungsprozessen auch in der Staats- und Rechtswissenschaft intensiver zu befassen.

Ausgehen möchte ich bei den folgenden Problemstellungen von der begründeten und anerkannten These, daß die Entwicklung und Nutzung der Mikroelektronik und der auf ihr beruhenden Informationstechnik sowie anderer Hochtechnologien zu einer Schlüsselfrage der Gestaltung der entwickelten sozialistischen Gesellschaft in unserer Republik geworden ist. Der XI. Parteitag der SED hat sich dazu eindeutig bekannt und betont, daß auf diesem Felde die Entscheidungen über das Wachstumstempo der Arbeitsproduktivität fallen, „von denen abhängt, wie unsere Ökonomie den Bedürfnissen der Menschen, den vielfältigen inneren Erfordernissen der Entwicklung unseres Landes gerecht wird und sich in der Welt behaupten kann.“[2]

Es wurde darauf verwiesen, daß damit neue Voraussetzungen heranreifen, um die Stellung der Werktätigen im Produktionsprozeß zu verändern, ihnen interessantere schöpferische Aufgaben zu übertragen und ihre Arbeitsbedingungen immer günstiger zu gestalten.

Es handelt sich hier um gesellschaftliche Entwicklungen, die alle Lebensbereiche der Gesellschaft erfassen und die „dem Freiheitsgewinn der Persönlichkeit und der ganzen Gesellschaft“[3] dienen. Diese Aussagen zu den Wirkungen der Hochtechnologien sind in ihrer Allgemeinheit notwendig auch auf den Bereich der sozialistischen staatlichen Leitung zu beziehen.

Es zeigt sich immer klarer, daß die umfassende Nutzung der modernen Informationstechnik durch unsere Staatsorgane zu einer Schlüsselfrage der Entwicklung der sozialistischen staatlichen Leitung auf der Grundlage des demokratischen Zentralismus und der Demokratieentfaltung zur Sicherung ihrer hohen Qualität und Effektivität geworden ist. Diese Position hat nichts mit Technizismus, Technikeuphorie, Technikfetischismus usw. zu tun, sondern geht von der gesellschaftlich bestimmten Rolle der modernen Informationstechnik aus. Es geht immer darum, die Vorzüge des Sozialismus mit den Errungenschaften der wissenschaftlich-technischen Revolution – und so auch die sozialistische staatliche Leitung mit der modernen Informationstechnik – eng zu verbinden. Und eben in dieser Verbindung ist die Nutzung der modernen Informationstechnik eine Schlüsselfrage der Vervollkommnung und weiteren Ausprägung des sozialökonomischen und politischen Charakters unseres Leitungssystems wie auch der Machtverwirklichung der Werktätigen in unserer Republik, wobei bekanntlich auch hier ständig neue Fragen aufgeworfen werden, die rechtzeitig zu beantworten sind. Die „Revolution der materiell-technischen Grundlagen der Leitungsprozesse“[4] erfordert auch revolutionäre Veränderungen in der staatlichen Leitungsarbeit in Richtung auf die weitere Ausprägung ihres sozialistischen Charakters. Diese zentrale Stellung der modernen Informationstechnik ergibt sich im allgemeinen aus der Rolle der Produktivkräfte in der gesellschaftlichen Entwicklung und im besonderen aus ihrer Eigenschaft, hochleistungsfähiges Instrument der geistigen Arbeit des Menschen zu sein. Diese Eigenschaft der modernen Informationstechnik wird in der Wissenschaft immer wieder hervorgehoben.

H. Nick betont, daß es sich hier um den Beginn der massenhaften Technisierung geistiger Tätigkeit – „genau und richtiger: die Umsetzung geistiger Arbeitsfunktionen der Menschen in Funktionen technischer Systeme“ handelt. „Sie führt zu einer tiefgreifenden revolutionären Umwälzung im Gesamtsystem der Produktivkräfte, weil die geistigen Kräfte des Menschen vervielfacht, über diejenigen Geisteskräfte hinaus erweitert, die dem Menschen als Naturwesen eigen sind, und dies in ständig steigendem Maße. Diese geistige Komponente der menschlichen Arbeit aber ist das wichtigste Moment im Ensemble der spezifischen Gattungseigenschaften der Menschen. Seine von nun an durch den Fortschritt der Technik sich beständig erweiternde Fähigkeit, in immer geringerer Zeit und mit wachsender Präzision rationale Verhaltensstrategien zu entwerfen und zu verwirklichen, Informationen zu gewinnen, zu bewerten, zu übertragen, zu speichern und logisch zu verknüpfen, muß natürlich zum Ausgangspunkt für eine völlig neuartige Dynamik in der Entwicklung der Produktivkraft menschlicher Arbeit, in der bewußten Auseinandersetzung des Menschen mit der Natur werden“[5]. Wir können die moderne Informationstechnik und ihre Nutzung demzufolge nicht einfach als Technik an sich sehen. Wir haben sie als Ergebnis schöpferischer Arbeit des Menschen zur Veränderung seines Daseins, also seiner Arbeit, seiner Stellung im Produktionsprozeß und in den anderen Lebensbereichen, so auch in der staatlichen Leitung usw. zu begreifen, was sich erst in der sozialistischen Gesellschaft voll realisieren kann. Bezogen auf die staatliche Leitung im Sozialismus ist diese Technik als hochentwickelte Produktivkraft und ihre Nutzung ein sehr entscheidender gesellschaftlicher Faktor, eine Triebkraft der weiteren Ausprägung des sozialistischen Charakters der Arbeit in den Staatsorganen, der Entwicklung der sozialistischen Demokratie und Verwirklichung des demokratischen Zentralismus, zur Vervollkommnung der sozialistischen Arbeitsweise, insbesondere der bürgernahen Arbeit, zur wirksamen Anwendung bewährter und neuer Formen und Methoden der Leitungsarbeit, zur Erhöhung der Verantwortung der Leiter und Mitarbeiter, zur Durchsetzung eines höheren Niveaus von Organisation der Arbeit, von Ordnung, Disziplin und Sicherheit usw. Die Wirkungen der modernen Informationstechnik durchdringen die gesamte sozialistische staatliche Leitungsarbeit und vervollkommnen sie auf revolutionäre Art und Weise, was zugleich zur entscheidenden Voraussetzung für die effektive Nutzung dieser Technik wird. Ein solches Herangehen an die moderne Informationstechnik ist m. E. unabdingbar für eine klare politische Haltung zu diesen Entwicklungen und zur Überwindung der durchaus nicht nur vereinzelt vorhandenen subjektiven Vorbehalten gegen diese Technik. Bei all diesen Fragen ist eindeutig, daß der Mensch, der sich diese Technik geschaffen hat, die entscheidende Kraft ist und bleibt. Das politische Handeln, die schöpferische Arbeit werden durch die moderne Informationstechnik nicht abgelöst, aber durch die Nutzung dieser Technik auf ein bisher nicht mögliches hohes Niveau gehoben.

Für die Entwicklung der sozialistischen staatlichen Leitung ist von ausschlaggebendem Gewicht, daß mit der umfassenden Nutzung der modernen Informationstechnik gravierende Veränderungen in der Arbeit der Leiter und besonders der Mitarbeiter in den Staatsorganen und damit auch in ihrer Verantwortung ermöglicht und vollzogen werden müssen.

Dabei ist die grundlegende Richtung dieser Veränderungen durch die vom XI. Parteitag der SED vorgegebenen qualitativen Merkmale sozialistischer staatlicher Leitung – die gesellschaftliche Erfordernisse ausdrücken – bestimmt. Gefordert ist, die Bürger an den Entscheidungen und ihrer Durchführung direkt zu beteiligen und sie dazu regelmäßig, rechtzeitig und konkret mit den nötigen Informationen zu versorgen, die Rechte der Bürger, ihre Vorschläge und kritischen Hinweise zu beachten und mit den Bürgern aufrichtig, konsequent und gerecht umzugehen sowie die Gesetze und andere Rechtsvorschriften exakt durchzusetzen.

Gefordert ist eine komplexe, vorausschauende und analytisch-konzeptionelle Arbeit, überhaupt eine wissenschaftliche Arbeitsweise und die Bereitschaft und Fähigkeit, sich stets auf das Neue einzustellen und es durchzusetzen. Gefordert sind die Verwirklichung einer rationellen Organisation der Arbeit, einer hohen Ordnung, Staatsdisziplin und Sicherheit bei konsequenter Verwirklichung des demokratischen Zentralismus. Gefordert ist die Sicherung eines günstigen Verhältnisses zwischen Aufwand und Ergebnis in der staatlichen Leitungsarbeit. Diese hier genannten und weiteren Forderungen an die Qualität der sozialistischen staatlichen Leitung sind letztlich nur durch eine engagierte schöpferische, von hohem politischem und fachlichem Wissen getragene Arbeit in den Staatsorganen erfüllbar. Das ist natürlich nicht neu und stets waren wir bemüht, dem in der praktischen Arbeit Rechnung zu tragen. Dabei gab und gibt es jedoch unter den bisherigen Bedingungen relativ starke Begrenzungen insofern, als die notwendigen Routine- und geistig-schematischen Arbeiten von den Leitern und Mitarbeitern bewältigt werden mußten, was einen erheblichen Zeitaufwand erforderte und womit eine große Anzahl von Mitarbeitern fast ausschließlich befaßt war und ist. Hinzu kam und kommt, daß viele Informationen nicht bereitstanden, nicht selten ungenau waren, und vorhandene Informationen zum Teil gar nicht verarbeitet werden konnten.

Diese Begrenzungen werden mit der umfassenden Nutzung der modernen Informationstechnik in hohem Maße aufgehoben. Es entstehen für die Leiter und Mitarbeiter in einem komplizierten, durchaus widersprüchlichen Prozeß auf lange Sicht angelegt sozusagen „flächendeckende Bedingungen" für die schöpferische Arbeit. „Der Mensch-Maschine-Dialog" – so Striebing/Zänker – „ist eine durch grundsätzliche Umgestaltung ihrer informationellen Komponenten generierte neue Qualität in der menschlichen Tätigkeit. Sie ist dadurch gekennzeichnet, daß solche Tätigkeitsarten wie Entscheiden, Lernen, Problemlösen, Planen – also Tätigkeiten mit einem hohen Anteil schöpferischer, heuristischer Elemente – in direkter Wechselwirkung zwischen Mensch und Computer realisiert werden".[6] Diese Entwicklung – die Aufhebung der Begrenzungen für die schöpferische Arbeit – vollzieht sich gegenwärtig, wie die Erfahrungen und auch unsere eigenen Forschungen zeigen, vor allem in folgenden Richtungen:

Erstens werden die zeitaufwendigen Routine- und geistig-schematischen Arbeiten wie Kartei- und Listenführung, Formulareintragungen, Wiederholschreiben von gleichen

Textinformationen u. ä. Tätigkeiten vom Menschen auf die moderne Technik übertragen und in einem enormen Tempo mit hoher Exaktheit automatisiert durchgeführt. In dieser Hinsicht gibt es in unseren Staatsorganen bereits viele gute Ergebnisse, wie z. B. bei der Vorbereitung von Wahlen. Die Wählerlisten und Wahlbenachrichtigungskarten werden automatisiert hergestellt. Es konnten ca. 80 % der bisherigen manuellen Schreibarbeiten, durch die viele Arbeitskräfte jeweils längere Zeit gebunden wurden, eingespart werden. Insgesamt wird mit diesen Möglichkeiten ein bislang wenig produktiv genutztes Arbeitskräftepotential für die schöpferische Arbeit in der staatlichen Leitung bzw. für die Arbeit in anderen Bereichen freigesetzt.

Zweitens werden in einem bisher nicht möglichem Maße die erforderlichen Informationen rechnergestützt bereitgestellt und in vielen Fällen überhaupt erst mit Hilfe der modernen Rechentechnik problemorientiert verarbeitet, wobei die verschiedenen Informationen logisch aggregiert verarbeitet und zeitgerecht bereitgestellt werden können. Hier geht es bereits um eine direkte und starke Potenzierung der geistig-schöpferischen Arbeit des Menschen selbst.

Die weiteren Entwicklungen werden sich gerade in dieser Richtung vollziehen. Intensiv wird an der künstlichen Intelligenz gearbeitet, die mit der Entwicklung von Expertensystemen begonnen hat. Hinzu kommen die äußerst schnellen und streckenmäßig unbegrenzten Übertragungsmöglichkeiten für die Informationen durch die Teledienste usw. In dieser Hinsicht gibt es in unseren Staatsorganen erste gute Erfahrungen und Ergebnisse, wie z. B. bei der Kopplung von Daten aus verschiedenen Datenspeichern, bei der fachbereichsübergreifenden Nutzung von Informationen, in der Datenfernverarbeitung usw. Deutlich ist aber zu sagen, daß die sich hier bietenden Möglichkeiten für die schöpferische Arbeit aus den verschiedensten Gründen bei weitem noch nicht ausgeschöpft werden. Für die Dialogarbeit, die Teledienste u. a. fehlen noch die technischen und softwaremäßigen Voraussetzungen, die erst nach 1990 in größerem Maße vorhanden sein werden.

Mit Sicherheit läßt sich schon heute sagen, daß die umfassende Nutzung der modernen Informationstechnik es möglich macht, das geistige Potential in zunehmendem Maße für die schöpferische Arbeit zur Bewältigung der gesellschaftlichen Aufgaben und zur Zusammenarbeit mit den Bürgern effektiv einzusetzen. Wir müssen demzufolge davon ausgehen, daß sich die Tätigkeiten in den Staatsorganen in Richtung auf die schöpferischen Arbeiten entwickeln werden. Dabei wird es vor allem um analytisch-konzeptionelle Tätigkeiten zum Erkennen der gesellschaftlichen Prozesse, ihrer Zusammenhänge und Wechselwirkungen, zum Aufdecken von Entwicklungstendenzen und ihrer Probleme sowie der zu erwartenden gesellschaftlichen Wirkungen gehen. Es wird um Methoden des Bestimmens der Aufgaben und Maßnahmen zur planmäßigen Gestaltung der gesellschaftlichen Entwicklung und die partnerschaftliche Zusammenarbeit mit den Bürgern in den Entscheidungsprozessen usw. gehen. Allgemein wird bei diesen Entwicklungen von der Annahme ausgegangen, daß die engen fachspezifisch orientierten Tätigkeiten in den Staatsorganen, die heute typisch sind, abgebaut und zunehmend Tätigkeiten mit komplexerem Charakter hervortreten werden, die auch einen flexibleren Einsatz der Arbeitskräfte ermöglichen. Im Ergebnis dieser Entwicklungen wird es mit Sicherheit zu wesentlichen Veränderungen in der Arbeitsteilung in der staatlichen Leitung kommen, was zu neuen Arbeitsstrukturierungen führen muß. Es werden neue Anforderungen an das Wissen und Können der Leiter und Mitarbeiter in den Staatsorganen gestellt. Ich stimme hier mit Striebing/Zänker überein, wenn sie sagen, daß es vor allem um die Ausprägung solcher Elemente des Denkens geht, „wie Erkennen und Durchdringen von Problemen, Kombinieren und Variieren von Strukturen, Algorithmisieren und Formalisieren von Prozeßabläufen: Elemente des Denkens also, die dem notwendigen ganzheitlichen komplexen Denkstil der heutigen und zukünftigen Generation ganz besonders entsprechen müssen".[7] Die Arbeiten in der staatlichen Leitung werden so interessanter, aber auch weit intensiver, und es stellen sich auch neue Fragen für das Arbeitszeitregime, bis hin zur Schichtarbeit. Auf jeden Fall kann man sagen, daß eine hohe Anzahl von Mitarbeitern vor völlig neuen Aufgaben steht, und sie die für deren Bewältigung nötige Qualifikation, die sie gegenwärtig nicht haben, erwerben müssen.

Alle diese und weitere Fragen können wir zur Zeit nicht hinreichend konkret beantworten, was durchaus schon heute teilweise hemmend wirkt. Es sind also intensive Forschungen nötig, um in diese Prozesse einzudringen und die staatliche Leitungsarbeit auf neue Art rationell zu organisieren.

Mit den dargelegten Entwicklungen sind natürlich viele weitere Probleme auf die Tagesordnung gestellt. Zu einigen dieser Fragen möchte ich meinen Standpunkt äußern:

Von größem Interesse ist die Frage, welche Wirkungen die umfassende Entfaltung der sozialistischen Demokratie in der staatlichen Leitungsarbeit hat. Dabei ist unbestritten davon auszugehen, daß in diese Fragestellung die Nutzung der modernen Informationstechnik in allen Lebensbereichen einbezogen werden muß. Gleich wo und wozu die Werktätigen sich dieser Technik bedienen, wird das in jedem Falle mit dem höheren Wissen und Können und den Fähigkeiten der Werktätigen zur bewußteren Gestaltung ihres Lebens eng verbunden sein, werden sie ein größeres Wissen über die gesellschaftliche Entwicklung im internationalen und nationalen Rahmen durch umfassende Informationen erlangen. Verbunden mit der Persönlichkeitsentwicklung und im besonderen der weiteren Ausprägung des politischen Bewußtseins wird das Interesse der Werktätigen an der aktiven Teilnahme an der staatlichen Leitung, das wir bewußt fordern, weiter wachsen. Das heißt aber auch, daß die Ansprüche der Werktätigen an die Mitarbeit höher werden. Sie wollen nicht nur Objekt staatlicher Leitung, nicht nur „Ausführende" von Entscheidungen, sondern vor allem Subjekt der staatlichen Leitung sein, d. h., sie wollen als geachtete Partner in die Entscheidungsprozesse einbezogen sein, wovon wir bei allen Fortschritten noch ein gutes Stück entfernt sind. In einem Kolloquium des Franz-Mehring-Instituts der Karl-Marx-Universität, der SED-Stadtleitung Leipzig und des Problemrates Politische Organisation der sozialistischen Gesellschaft beim Rat für wissenschaftlichen Kommunismus wurde dazu gesagt, „daß gerade die von der SED gesetzten Prämissen, die Werktätigen als politische Subjekte zu behandeln und sie vor allem in staatliche und gesellschaftliche Entscheidungsprozesse einzubeziehen, sich mit ihnen zu beraten und sie zu informieren, in der Praxis der Kommunalpolitik, ..., sehr differenziert realisiert werden".[8] Die Untersuchungen haben ergeben, daß die Werktätigen noch zu sehr als Objekte, für die etwas zu entscheiden ist, bzw. als Wirkungsfaktor für die Durchführung von Entscheidungen behandelt werden. Notwendig ist es, sie in die Ganzheit des Entscheidungsprozesses einzubeziehen.

Diese Forderung zu verwirklichen, setzt in erster Linie eine entsprechende politische Haltung in den Staatsorganen voraus, die Genosse E. Honecker erneut wie folgt ausgedrückt hat: „Welches Gebiet der Kommunalpolitik man auch immer nimmt, schneller geht es dort voran, wo die Bürger über die Politik der Partei und des Staates Bescheid wissen und unmittelbar spüren, daß sie den Gang der Dinge beeinflussen ... Keine Entscheidung von Belang sollte im kommunalen Bereich getroffen werden, ohne daß sie gründlich mit Bürgern und Abgeordneten beraten und in der Volksvertretung nach eingehender Debatte beschlossen worden ist ..."[9] Diese politische Haltung muß durch eine entsprechende Arbeitsweise der Staatsorgane konkret umgesetzt werden, wobei die

Nutzung der modernen Informationstechnik wichtige Voraussetzungen schaffen kann. Erstens können die Staatsorgane durch die automatisierte Informationsverarbeitung vorausschauend und rechtzeitig die heranreifenden Probleme und zu lösenden Aufgaben erkennen und die Mitarbeit von Werktätigen von Anfang an zielgerichtet organisieren. Zweitens können die Staatsorgane den Werktätigen bei geringstem Zeitaufwand alle für die Mitarbeit an den Entscheidungen nötigen Primärinformationen, verarbeiteten Informationen, Variantenberechnungen usw. bereitstellen bzw. können die Werktätigen diese Informationen selbst abrufen, sie überprüfen oder ergänzen. Die den Staatsorganen und den Werktätigen zur Verfügung stehende Zeit braucht nicht mehr zur „Erläuterung" der Lage und die Vermittlung von Informationen verbraucht, sondern kann für den schöpferischen Streit um die beste Lösung genutzt werden. Eine solche aktive Teilnahme der Werktätigen an der staatlichen Leitung geht m. E. über die vom Genossen M. Benjamin vertretene Auffassung, daß die Werktätigen vor allem bei der Bestimmung der Ziele und Zielkriterien mitwirken werden,[10] weit hinaus.

In der gleichen Richtung wirkt die Nutzung der modernen Informationstechnik für die Arbeit der Volksvertretungen, ihre ständigen Kommissionen und die Abgeordneten. Die Durchsetzung ihrer Machtvollkommenheit, ihrer führenden Position in den Entscheidungsprozessen zu allen grundlegenden gesellschaftlichen Problemen wie auch die Autorität der Abgeordneten und ihre Wirksamkeit in der ständigen Arbeit mit den Bürgern und ihren Kollektiven kann mit dem Bereitstellen von aktuellen und automatisiert aufbereiteten Informationen, auf die sofort zugegriffen werden kann, wirksam unterstützt werden. Das wird die Aktivitäten der Volksvertretungen, der ständigen Kommissionen und Abgeordneten wesentlich erhöhen und macht auch eine effektive Kontrolle über die Arbeit des Staatsapparates möglich.

Was die Wirkung der Nutzung der modernen Informationstechnik auf die Durchsetzung des demokratischen Zentralismus betrifft, so möchte ich mich nicht zu der Frage äußern, ob man unsere Volkswirtschaft unter diesen Bedingungen zentral wie einen großen Betrieb leiten kann oder nicht. Unsere Partei hat dazu eindeutig gesagt, daß wir die zentrale staatliche Leitung auf die grundlegenden Entwicklungsprozesse konzentrieren und entsprechend qualifizieren müssen, und wir damit im Zusammenhang die Eigenverantwortung der örtlichen Staatsorgane, Kombinate, Betriebe, Einrichtungen usw. in ihren Verantwortungsbereichen systematisch stärken und dafür auch alle materiellen, finanziellen und rechtlichen Mittel geschaffen haben bzw. Schritt für Schritt schaffen werden. Aber in diesem Rahmen gibt es hinreichend neue und sehr wichtige Fragen, die wir mit der umfassenden Nutzung der modernen Informationstechnik bezogen auf den demokratischen Zentralismus in der staatlichen Leitung genau beachten und auch effektiver lösen müssen.

Eine erste Frage ist die nach der Sicherung einer einheitlichen Datenbasis von unten nach oben und umgekehrt. Welche Primärdaten und -dokumentationen brauchen wir für die staatliche Leitung von unten bis oben, wie und mit welchen Methoden sind sie zu verdichten und wie sind diese Prozesse insgesamt zu organisieren? Natürlich haben wir dafür Lösungen, z. B. auf dem Gebiet der Plandurchführung in der Volkswirtschaft. Das heißt aber nicht, daß es auf diesem Gebiet insgesamt Ordnung gibt. Im Gegenteil; es gibt im einzelnen recht unterschiedliche Lösungen bei Primärdaten, bei den Schlüsselsystematiken für ihre Verdichtung usw. Das hat verschiedentlich zu Komplikationen insofern geführt, daß in den einzelnen Leitungsebenen mit unterschiedlich verdichteten Zahlen und Wertungen zu gleichen Problemen gearbeitet wurde. Die Verwirklichung des demokratischen Zentralismus in der staatlichen Leitung verlangt aber einheitliche Primärdaten und einheitliche Methoden ihrer Verdichtung, was mit der automatisierten

Informationsverarbeitung nur noch dringlicher wird. Auf einer anderen Basis kann man mit den Datenspeicher/Datenbanken überhaupt nicht arbeiten.

Eine weitere Frage im Zusammenhang mit dem demokratischen Zentralismus und der automatisierten Informationsverarbeitung betrifft das Erfordernis, die rechnergestützten Informationssysteme und Leitungsinformationssysteme auf der Basis der großen Datenspeicher und Datenbanken und damit einheitlichen Primärdaten und -dokumentationen nach gleichen Grundsätzen, Prinzipien und Rechnerarchitekturen aufzubauen und zu organisieren. Dabei sind die Schnittstellen zwischen den Systemen der verschiedenen Leitungsebenen so exakt zu bestimmen, daß ein Zusammenhang von unten nach oben und umgekehrt gesichert wird. Nur so wird die praktische Verwirklichung des demokratischen Zentralismus in der staatlichen Leitung möglich. Ein dringendes Problem, das mit allen vorgenannten Entwicklungen übergreifend im Zusammenhang steht, ist das der Organisation der Leitungs- und Arbeitsprozesse und der Leitungsstrukturen. Die umfassende Nutzung der modernen Informationstechnik, die zu tiefgreifenden Veränderungen in der Arbeit und Arbeitsteilung, in der Mitwirkung der Werktätigen in den Entscheidungsprozessen, in der Arbeitsweise usw. führt, muß notwendig auch mit einer neuen rationellen Organisation der Leitungs- und Arbeitsprozesse und von Leitungsstrukturen in den Staatsorganen einhergehen. Genosse E. Honecker stellte dazu fest: „Sollen Mikroelektronik und Rechentechnik leisten, was sie leisten können, heißt es, die Arbeitsorganisation auf ihre Möglichkeiten einzustellen.“[11] Dabei ist in Rechnung zu stellen, daß die moderne Informationstechnik nicht automatisch eine rationelle Organisation schafft, aber ihre Nutzung die rationelle Organisation der staatlichen Arbeit zur Voraussetzung hat. Es gilt also der Grundsatz, daß die Nutzung der modernen Informationstechnik mit der rationellen Organisation der Arbeit unausweichlich zu beginnen hat.

In den vergangenen Jahren haben wir dieser Notwendigkeit Rechnung getragen. So wurde mit dem Aufbau der großen Datenspeicher und Datenbanken die einheitliche Primärinformation und -dokumentation sowie Organisation der Gewinnung, Weiterleitung, Verarbeitung und Speicherung der Informationen erarbeitet und für alle verbindlich festgelegt. Das erfolgte auch bei den rechnergestützten Informationssystemen und den Einzelprozessen und Projekten. Insofern wurden erhebliche Fortschritte erreicht. Zugleich müssen wir sehen, daß wir bis 1985 aufgrund des Entwicklungsstandes der modernen Technik die automatisierte Datenverarbeitung aus den Staatsorganen herauslösten und in die großen Rechenzentren verlagerten. Informationsverarbeitung und Entscheidungsprozeß waren z. T. zeitlich und räumlich voneinander getrennt, was u. a. ja auch zur Folge hatte, daß die automatisierte Datenverarbeitung im wesentlichen für den Sachbearbeiter und nur wenig für den Leiter wirksam wurde. Die Wirkungen auf die Arbeit und vor allem ihrer Organisation in den Staatsorganen blieben daher begrenzt. Diese Lage hat sich seit 1986 verändert, und sie wird sich mit dem massenhaften Einsatz von Computern in den nächsten Jahren weiterhin verändern. Mit dieser Entwicklung wurde die automatisierte Informationsverarbeitung in Daten- und Textform in die Staatsorgane und bis auf den Arbeitsplatz verlagert – und das bleibt die Grundrichtung. Damit stellen sich natürlich für die Organisation der Arbeit in den Staatsorganen völlig neue Fragen, die wir – um es gleich zu sagen – bisher nicht oder nur teilweise beantwortet haben. Erarbeitet wurden für relativ viele einzelne Prozesse Computerprogramme, die in jedem Fall eine neue Organisationslösung mit einer entsprechenden Organisationsanweisung enthalten. Überall dort, wo mit einem Computer gearbeitet wird, erfolgte notwendig eine Umgestaltung der betreffenden Arbeitstätigkeiten und des Arbeitsplatzes. Mit der arbeitstäglichen Auslastung von Computern von

8 bis 9 Stunden (die lange noch nicht überall erreicht ist) begann sich auch ein verändertes Arbeitszeitregime herauszubilden. Mit der Zunahme der Anzahl der eingesetzten Computer sind wir in den örtlichen Staatsorganen dazu übergegangen, in den Querschnitts- und Fachorganen der Räte sogenannte EDV-Beauftragte einzusetzen und eine Informationszentrale als neue Struktureinheit zu bilden.

Der 1. Stellvertreter des Vorsitzenden des Rates wurde für den Gesamtprozeß der Anwendung der EDV verantwortlich gemacht und bei ihm wurde eine ständige Arbeitsgruppe des Rates gebildet. Alles das vollzog und vollzieht sich im Rahmen der historisch gewachsenen und bewährten Organisation der Leitungsstrukturen und der staatlichen Leitungsarbeit insgesamt, die aber ihre Grundlage in der bisherigen herkömmlichen Arbeit und Arbeitsteilung hat. Solange es dabei um den Einsatz von einem oder wenigen Computern in einem Rat geht, ist das auch logisch und richtig. In dem Moment allerdings, wo die Arbeit mit dem Computer zum Normalzustand für alle geworden ist, geht das nicht mehr. Wir können – und das ist eine anerkannte These – die Arbeit mit der modernen Informationstechnik nicht auf die alte Organisation der Informationsverarbeitung und des Entscheidungsprozesses aufsetzen und hier alles beim alten belassen. Wir brauchen eine neue Organisation der staatlichen Leitungsarbeit, die nicht ohne Folgen für die Organisation der Leitungsstrukturen bleibt. Es ist an der Zeit, diesen Fragen größte Aufmerksamkeit zu schenken und rationelle Lösungen auszuarbeiten.

Bemerkt sei in diesem Zusammenhang nur am Rande, daß wir in den Staatsorganen eine weit intensivere Organisationsarbeit brauchen. Sie kann nicht mehr wie bisher „am Rande mitgemacht" werden. Meines Erachtens brauchen wir, wie in den Kombinaten und Betrieben qualifizierte Bereiche Organisation und EDV. Soweit zu einigen Problemen, die sich aus der umfassenden Nutzung der modernen Informationstechnik für die sozialistische staatliche Leitung ergeben. Ich bin mir bewußt, daß ich vieles hier nicht ansprechen konnte, wie z. B. Konsequenzen für die Rechtsentwicklung, Anforderungen an die bürgernahe Arbeit, Anforderungen an die Aus- und Weiterbildung von Kadern usw.

Dennoch denke ich, daß ich einige wesentliche Entwicklungen sichtbar gemacht habe und damit verdeutlichen konnte, vor welchen weitgehenden Veränderungen wir stehen.

Anmerkungen

1 Damit ist die gesamte, auf der Mikroelektronik beruhende moderne Rechen- und Nachrichtentechnik, einschließlich der Netze für die Datenübertragung, gemeint.

2 Bericht des ZK der SED an den XI. Parteitag der SED, Berlin 1986, S. 49.

3 L. G. Fleischer, Könnten einst Automaten die Geschichte lenken, in: Neues Deutschland vom 21./22. Mai 1988, S. 10.

4 Vgl. M. Benjamin, Wissenschaftlich-technische Revolution und Staats- und Rechtswissenschaft. In: Staat und Recht, 11/1987, S. 877.

5 H. Nick: Über Wesen, Tendenzen und soziale Konsequenzen der wissenschaftlich-technischen Revolution, in: Einheit, Nr. 6/88, S. 517.

6 L. Striebing/K. Zänker: Mit Kopf und Computer, Berlin 1987, S. 58.

7 L. Striebing/K. Zänker, ebenda, S. 45.

8 P. Zotl, Zu einigen Schlußfolgerungen für das Wirken des politischen Systems der DDR in den Territorien im neuen Abschnitt der Sozialismusentwicklung, in: Wissenschaftlicher Sozialismus, Informationsbulletin 5.2/1987, Hrsg. Akademie für Gesellschaftswissenschaften beim ZK der SED, S. 20.

9 E. Honecker, Mit dem Volk und für das Volk realisieren wir die Generallinie unserer Partei zum Wohle der Menschen, Berlin 1988, S. 84/85.

10 Vgl. B. Benjamin, a. a. O., S. 688.

11 E. Honecker, a. a. O., S. 23.

Rudolf Streich

Nutzung der Informationstechnologien für qualifiziertere Rechtsanwendungsentscheidungen

Das sozialistische Rechtssystem als unverzichtbare Komponente des Leitungssystems hat nicht nur zur raschen Einführung und breiten Nutzung von Innovationen, inbesondere der Schlüsseltechnologien, beizutragen. Letztere eröffnen in Gestalt der modernen Informationstechnologien eine heute erst in den Konturen erahnte Perspektive, die Effizienz des Rechts beträchtlich zu erhöhen. Informationsgewinnung und -verarbeitung mit Rechnerstützung und -vernetzung scheint ein Druckpunkt ihrer Ausnutzung sowohl für Rechtsbildung als auch -anwendung zu sein. Neben den auf dieser Tagung behandelten Fragen der Ausnutzung von Arbeitsplatzcomputern, um Leitungsentscheidungen durch staatliche Organe qualifiziert treffen zu können, sei hier auf einen anderen, nicht minder wichtigen Aspekt eingegangen: Rechtliche Regelung auf dem Gebiet der Wirtschaftsleitung zielt ab auf eine dem demokratischen Zentralismus gerechtwerdende Gestaltung des Aufeinanderein- und Zusammenwirkens der staatlichen Leitungsorgane, Wirtschaftseinheiten und Werktätigen mit dem Ziel optimaler Entscheidungsfindung und verläßlicher arbeitsteiliger Aufgabenrealisierung. Damit sollen umfassend die vielfältigen gesellschaftlichen Teilinteressen ermittelt, zum übergreifenden Gesamtinteresse integriert und mit den kollektiven und individuellen Interessen der Rechtssubjekte möglichst umfassend in Übereinstimmung gebracht werden. Das erfordert sowohl eine Qualifizierung zentraler staatlicher Entscheidung als auch Ausbau und Garantie eigenverantwortlichen Gestaltungsraumes für Rechtsentscheidungen der Wirtschaftseinheiten bei der Gestaltung der Kooperations- bzw. Arbeitsrechtsverhältnisse. In diesen müssen vielfältig Entscheidungen auf der Grundlage der Rechtsnormen getroffen werden, die nicht nur einfache Rechtsanwendung und -verwirklichung, sondern häufig zugleich eigenverantwortliche schöpferische Rechtsgestaltung in Fortsetzung der zentralen Regelung in Wirtschafts- und Arbeitsrechtsverhältnissen sind. Gerade auch auf diesem Gebiet eröffnen die modernen Informationstechnologien Möglichkeiten, die, voll ausgeschöpft, dazu beitragen können,

- verläßliche, rechtlich korrekte und möglichst zweckmäßige Entscheidungen zu treffen;
- Kalkulierbarkeit und Transparenz von Rechtsentscheidungen zu erhöhen, (ich halte dies für einen bedeutsamen Faktor der Beförderung sozialistischen Rechtsbewußtseins und der Stärkung der sozialistischen Demokratie);
- Leitungsprozesse zu rationalisieren, indem erforderlicher Aufwand gesenkt, Qualität und Zuverlässigkeit, wo möglich, erhöht werden.

Dabei werden nicht autonome Insel-Lösungen angestrebt, sondern erforderliche Schnittstellen für eine später mögliche und wünschenswerte Kopplung, Ergänzung bzw. Modifizierung (auch rechtlich mittels Standards) sind unbedingt zu beachten und als Anforderungen an die Konzipierung derartiger Lösungen zu regulieren. Nach meiner Erfahrung bieten sich *arbeitsplatznahe* Lösungen unter Nutzung von Personalcomputern an. Zum einen stehen zentrale juristische Informationsrecherchesysteme mit direktem Zugriff aller Netzteilnehmer noch in weiter Ferne. Zum anderen sind auf der Ebene von Zweigen, Kombinaten und Betrieben konzipierte Lösungen zu juristischen Problemen eine rasch machbare, gut beherrschbare und mit anderen betrieblichen CIM-Lösungen kompatible und kombinierbare Variante. Voraussetzung dafür ist eine relativ geschlossene, stabile Rechtsregelung mit tatsächlicher Rechte- und Pflichtenzuweisung. Über die aber nur partiell anwendbaren, weitgehend automatisierbaren und häufig auch im Stapelbetrieb fabrizierbaren Rechtsentscheidungen hinaus, gilt es im Wirtschafts- und Arbeitsrecht vor allem jene Gruppe von Aufgaben zu lösen, die vom Normadressaten ein rechtliches Handeln fordern, das zumeist nicht eine lineare Subsumtion und einen eindeutig bestimmbaren Normenvollzug darstellt. Vielmehr sind oft mehrere Verhaltensweisen geboten oder erlaubt. Ihre Auwahl wird nicht nur durch Berücksichtigung juristischer Kriterien, sondern aufgrund vielfältiger Wertungen außerrechtlicher tatsächlicher Fakten bestimmt und wird daher oft nur „indirekt" durch das Recht bewirkt. Das spiegelt sich auch in der Unbestimmtheit der rechtlichen Regelung wider. Man denke nur an solche Formulierungen, „volkswirtschaftlich begründeter Bedarf", Kündigung wegen „Nichteignung" des Werktätigen, Pflicht zur Bereitstellung „anderer zumutbarer Arbeit". Hier bewährt sich die Nutzung des Dialogs. Im interaktiven Zusammenspiel Nutzer – Computer soll keinesfalls der Mensch ersetzt oder verdrängt, sondern durch den Dialog soll er unterstützt werden, seine Intelligenz zu potenzieren. Auch soll der Rechner ggf. weitere Routinearbeit erledigen.

Worin besteht der besondere Nutzen solcher rechnergestützter Dialogsysteme für die Rechtsentscheidungsfindung und -realisierung? Obwohl im folgenden an Beispielen eines an unserem Institut entwickelten Beratungssystems zum Arbeitsrecht demonstriert, so gilt dies wohl weitgehend auch für Lösungen zur Vertragsgestaltung, -realisierung und -kontrolle. Allerdings bot sich das Arbeitsrecht wegen der hohen Anwendungsdichte, kompakten Regelung und relativen Stabilität für eine Pilotlösung besonders an:

- Die Mehrzahl von Rechtsentscheidungen wird von Nichtjuristen getroffen. Sie bedürfen besonderer Unterstützung, da sie die rechtliche Relevanz der erforderlichen Entscheidung oft verkennen, der Zugang zu den betreffenden Normen ihnen Schwierigkeiten verursacht, die Unkenntnis der „Gesetzessprache" und mangelnde Übung bei ihnen Unsicherheit auslöst und ein Zeitmangel oft den Verzicht auf ausreichende juristische Fundierung der Entscheidung zur Folge hat.
- Die rechnergestützte Entscheidungsfindung ermöglicht durch die dem Dialogsystem zugrunde liegende heuristische Methode zur Problemanalyse und -lösung jedem Nutzer ein höheres Niveau auf der Basis von Kenntnissen profilierter Juristen. Dies stellt an diese entsprechende Forderungen für die Projektierung und Implementierung der Systeme. Allerdings sind Differenzierungen in der Nutzung dieser dem System innewohnenden Potenz vom Intellekt des Nutzers abhängig.
- Es erfolgt vermittels Auswahl und Verzweigung über Menüsteuerung eine Ortung des klärungsbedürftigen Problems, eine Zergliederung in entsprechende juristische Teilprobleme, die zu prüfen und zu entscheiden sind. Über eine Art „Checkliste" wird gesichert, daß alles Erforderliche geprüft wird. Sind mehrere Aspekte prüfenswert, ist die Reihenfolge der Bearbeitung in der Regel frei wählbar. Mittels einer konsequenten top-down-Strategie beim Aufbau des Dialogs ist nach jedem Teilkomplex eine Abfrage des Nutzers vorzusehen, mit der er sich vergewissert, ob alle fraglichen Aspekte bearbeitet sind.
- Zu jedem Teilproblem werden dem Nutzer die entscheidungsbedürftigen Fragen angeboten. Ihre Entscheidung bleibt Aufgabe des schöpferischen Denkens. Dies kann ihm – zumindest einstweilig – kein Computer abnehmen. Aber schon der einfache 8-bit-PC kann ein leistungsfähiger Gehilfe sein, indem er bedarfsweise Erläuterungen,

Rechtsgrundlagen, Beispielentscheidungen, beizuziehende Daten – und hier bieten sich vielfältige Kopplungen zu anderen betrieblichen Datenbanken an – bereitstellt.

- Die getroffenen Teilentscheidungen werden entscheidungsbegleitend „protokolliert", logische Widersprüche signalisiert oder Zweifelhaftes zur weiteren Klärung empfohlen.
- Eine weitere Form der Rationalisierung stellt die Verknüpfung mit nichtjuristischen Datenbanken dar. So ist die automatisierte Erarbeitung des Arbeitsvertrages, des Funktionsplanes, die Aktualisierung der Kaderdatei, die Einordnung in die nächste arbeitsmedizinische Überwachung, die Belehrung auf dem Gebiete des Gesundheits-, Arbeits- und Brandschutzes etc. möglich.

Aus allem wird aber auch sichtbar, daß der Sinn und die Akzeptanz solcher rechnergestützter Lösungen mit Anforderungen an die Qualität rechtlicher „Ausregelung" verbunden ist. Überwiegt z. B. im Wirtschaftsrecht eine operative Steuerung von Material und ist die Eigenerwirtschaftung im System der wirtschaftlichen Rechnungsführung ungenügend ausgeprägt, besteht weder Bedarf noch Interesse an Dialogsystemen zur Vertragsabwicklung bzw. automatisierten Sanktionsberechnung und -eintreibung. Administrativer Zwang (der sich sehr wohl in Rechtsform kleiden kann; man denke an die angedrohte und verhängte arbeitsrechtliche Verantwortlichkeit der Leiter wegen unterlassener Eintreibung von Vertragsstrafen) bliebe reine Selbstbefriedigung, löste aber tatsächlich keine wirksame Verhaltensbeeinflussung aus.

Die Möglichkeiten der modernen Informationstechnologien stellen an die Gesetzgebung Forderungen, die künftig stärker zu beachten sind. Sie betreffen die Vermeidung einer „Überregelung", die Gewährleistung der Zugänglichkeit und Stabilität von Rechtsgrundlagen und eine möglichst qualifizierte „Ausregelung eindeutiger Rechte und Pflichten" anstelle globaler Aufgaben. Des weiteren ist auch die Bereitstellung von Gesetzestexten bzw. Novellierungen sowie der von staatlichen Organen herausgegebenen Kommentardienste (z. B. Arbeitsrechtskartei) auf maschinenlesbaren Datenträgern für interessierte Nutzer ernsthaft zu erwägen.

Ein letzter Gedanke zur Stellung des Juristen bei Implementierung rechnergestützter juristischer Beratungssysteme: Entscheidend für die erfolgreiche Arbeit ist von vornherein eine parallele Zusammenarbeit der Juristen, Ökonomen und Informatiker, um akzeptable Lösungen zu entwickeln. Dabei muß der Jurist Kenntnis von den Möglichkeiten der Informationstechniken besitzen, „Berührungsängste" vor dem Computer überwinden und es verstehen, dessen Möglichkeiten auszunutzen. Wer hier aktiv sein will, wird zumindest Grundkenntnisse erwerben müssen, um Prototyplösungen entwerfen zu können (künftige Generationen von Juristen werden das als Elementarkenntnisse der Informatik bereits in ihrer Ausbildung erwerben). Nur auf der Grundlage solcher Kenntnisse wächst Verständnis für Anforderungen und Möglichkeiten der Umsetzung juristischer Entscheidungsvorgänge in die „Sprache" des Computers. Zugleich ist dies auch Voraussetzung für den erfolgreichen Dialog mit dem Informatiker, der seinerseits effektive Lösungen für das Dateikonzept, die Systemarchitektur und die Schnittstellen sowie für das Regime der Projektpflege bereitstellen kann.

Rainer Koitz

Einbeziehung relationaler Datenbanksysteme in die Software-Entwicklung und -Nutzung bei rechnergestützter Rechtsanwendung

Entsprechend den unterschiedlichen Phasen des Prozesses und Systems rechtlicher Regelung können verschiedene Aktivitäten der Rechtssubjekte durch Informationstechnologien unterstützt werden:

- Informationsrecherche über Rechtsnormen, juristische Entscheidungen und juristische Literatur,
- Entwicklung von Rechtsformen, wie Verträge oder Erklärungen,
- Ermittlung und Wahrnehmung (miteinander verbundener) subjektiver Rechte und Pflichten, wie bei der Vertragsrealisierung.

Bei allen folglich festzustellenden Unterschieden entsprechender Anwendersoftware bestehen jedoch auch einige Gemeinsamkeiten. Zunächst ist die Verbindung von möglicher Informationsrecherche und Lösung juristischer Probleme eine bei der Softwareentwicklung für eine rechnergestützte Rechtsanwendung zu berücksichtigende Forderung. Eine weitere Forderung ergibt sich aus dem Zusammenhang zwischen Erfassung und Bereitstellung von Entscheidungsgrundlagen einerseits und der Unterstützung des juristischen Entscheidungsprozesses andererseits: Die in der Arbeitsberatung mehrfach aufgezeigten Möglichkeiten von Datenbanken zur Datenspeicherung und -bereitstellung erschließen auch Ansätze zur unmittelbaren Einbeziehung in juristische Tätigkeit. Auch bei spezifisch juristischen Aufgabenstellungen ist eine Unterstützung durch relationale Datenbanksysteme möglich, und zwar deshalb, weil das relationale Datenbankkonzept mit verschiedenen juristischen Arbeitsweisen übereinstimmt.

Als *Datenbanken* werden durch Computer gespeicherte Mengen von Informationen eines Gegenstandsbereiches und deren Beziehungen untereinander bezeichnet. Sie werden für die Lösung vielfältiger Aufgaben genutzt, wobei sich in der Praxis besonders *relationale Datenbanksysteme* bewährt haben, Modelle, in denen die Daten in Tabellenform strukturiert sind. Ein relationales Datenbanksystem für Mikrocomputer[1], REDABAS, wird vom Kombinat Robotron angeboten.

Für den Wirtschaftsjuristen ist es so wichtig zu erkennen, daß in seinem Objektbereich genutzte Standardsoftware auch für die Lösung seiner Probleme herangezogen werden kann.[2] Bereits bewährte Konzepte aus dem Bereich der Betriebswirtschaft[3], der Verwaltung, des Bibliothekswesens[4] u.a. können auch zur Unterstützung juristischer Tätigkeit genutzt werden.

Relationale Datenbanken sind extrem einfach strukturiert: Eine solche Datenbank läßt sich auch als Menge von Tabellen auffassen, deren jede eine Datei verkörpert. Eine Zeile derselben wird als Datensatz bezeichnet und durch eine jeweils um 1 aufsteigende Datensatznummer gekennzeichnet. Jede Spalte der Tabelle entspricht einem Datenfeld. Damit weist jeder Datensatz für die einzelnen Datenfelder konkrete Feldwerte auf.

Inhaltlich kann eine *Datei* als Abbildung interessierender Eigenschaften gleichartiger Objekte aufgefaßt werden, wobei jeweils ein Objekt in einem Datensatz abgebildet wird.[5] Somit sind juristisch interessierende Objekte, wie Vertragspartner, Vertragsdaten (Liefergegenstand, Menge, Termin, Lieferdaten usw.), aber auch juristische Entscheidungen, Vertragsklauseln oder Rechtsgrundlagen in Tabellenform darstellbar. Mit Hilfe entsprechender Befehle von REDABAS können solche Dateien angelegt, aktualisiert oder gelöscht und enthaltene Daten sortiert, verdichtet und verknüpft werden. Für die Entwicklung von Anwendersoftware zur Auswertung der Daten erübrigen sich andere Programmiersprachen, da ein Teil von REDABAS selbst als höhere Programmiersprache aufgefaßt werden kann.[6] In der Wirtschaftspraxis werden bereits zahlreiche Dateien zum Inhalt und zur Realisierung von Wirtschaftsverträgen aufgebaut, erweitert und ausgewertet. Dies geschieht teils aus der Einordnung in die Planung und Bilanzierung[7] und in Rechnungsführung und Statistik, teils zur Unterstützung ökonomischer Prozesse, wie Materialwirtschaft, Absatz und Finanzen. Seltener werden auch juristisch interessierende Eigenschaften einbezogen, die neben der Terminkontrolle beispielsweise die Berechnung von Vertragsstrafen und die Kontrolle ihrer Realisierung ermöglichen würden. Auf die damit zusammenhängenden Probleme soll hier nicht weiter eingegangen werden. Vielmehr sollen weitere Möglichkeiten zur Arbeit mit relationalen Datenbanken bei der Auswertung juristischer Informationen am Arbeitsplatz, bei der Vertragsgestaltung und in juristischen Auskunftssystemen aufgezeigt werden.

Wohl jeder Jurist wünscht, daß er Rechtstexte, Fakten oder andere Unterlagen, die er aktuell oder später für seine Arbeit benötigt, an seinem Arbeitsplatz verfügbar hat. Als ein Beispiel für solche Informationen kann eine Datei erfolgter gerichtlicher Entscheidungen dienen. Für fast alle Arbeitsgänge mit einer solchen Datei können unmittelbar REDABAS-Befehle (Kommandos) herangezogen werden. Allerdings wird für praktische Auswertungen der Entscheidungsdatei vor allem die Suche nach einem oder mehreren Deskriptoren und den zu treffenden Entscheidungen interessieren. Da ein konkreter Deskriptor aber in mehreren Deskriptorenfeldern eingetragen sein kann, ist eine unmittelbare Suche in der Entscheidungsdatei schwierig. Als zusätzliche Datei kann daher in einem speziellen Anwenderprogramm eine Deskriptorendatei mit den Datenfeldern Deskriptor und zutreffende Satznummer in der Entscheidungsdatei erstellt werden. Ein einfaches Programm gestattet dann die Suche unter Einbeziehung beider (indizierter) Dateien.

Auch für die Vertragsgestaltung erschließt das relationale Datenbankkonzept Möglichkeiten, die über bisher bei (internationalen) Wirtschaftsverträgen praktizierte Unterstützung mittels Textverarbeitung hinausgehen. Die Erprobung am Beispiel intersystemarer Wirtschaftsverträge bietet sich wegen derer weitgehend dispositiver Regelung an. Zutreffend ist hervorgehoben worden, daß sich dieser Vertragstyp wie kaum ein anderer als Objekt anspruchsvoller EDV-gestützter Vertragsgestaltung eignet. Ursachen dafür sind u. a. die Individualität vieler solcher Verträge, die potentielle Anwendbarkeit unterschiedlicher Rechtsordnungen, die Nutzung von Fremdsprachen.[8] Ein Vertrag läßt sich auffassen als eine Menge von Vertragsklauseln, diese wiederum können als eine Menge von Zeilen angesehen werden. Oft werden die Vertragsklauseln Gegenstand von Vertragsverhandlungen der Vertragspartner sein. Eine umfassende Unterstützung durch Informationstechnologien schließt hier die Ermittlung und Auswahl von Vertragsvarianten durch Bewertung und Risikoabschätzungen unter Einbeziehung antizipierter Ergebnisse der Vertragsrealisierung ein.[9]

Häufiger wird dem Vertragspartner jedoch ein Standard (in Form allgemeiner Geschäftsbedingungen u. ä.) vorgeschlagen, der nur um einige konkrete Daten, z. B. Liefergegenstand, -umfang, -frist, Preis ergänzt werden muß. In der Praxis geschieht das im wesentlichen unter Verwendung von Formularen, auf denen Offerten, Bestellungen,

Bestätigungen usw. abgegeben werden. In solchen Fällen bieten Textverarbeitungsprogramme bereits eine gute Unterstützung.

Gewissermaßen in der Mitte zwischen diesen beiden Extremen ist die hier darzustellende Problemlage angesiedelt: Das Vertragsangebot soll aus einer begrenzten Menge möglicher Varianten ausgewählt und die Auswahl anhand einer Menge definierter Bedingungen (Einzelentscheidungen) getroffen werden. Die Gesamtheit der Klauselvarianten wird als eine Tabelle aufgefaßt – eine zweite Tabelle enthält die Bedingungen für die Auswahl der entsprechenden Klauselvarianten.

In einer Datei VMUSTER sind die Varianten für die einzelnen Klauseln gespeichert. Welche Variante jeweils für die einzelne Klausel ausgewählt wird, hängt von den für diese zutreffenden Bedingungen ab. Diese werden zu Beginn der jeweiligen Programmabarbeitung geklärt: Dem Nutzer werden Fragen gestellt, die darauf erteilten Antworten (in Speichervariablen) abgespeichert und in Abhängigkeit von ihnen die zutreffenden Klauseln ausgewählt. Die möglichen Antworten und die für sie zutreffenden Klausel-/Variantennummern sind in einer Datei VBEDINGG erfaßt.

Die Datei VBEDINGG soll nach Klausel- und Variantennummern (aufsteigend) sortiert sein. Systematisch wird dann für jede Klauselnummer die zutreffende Variante ermittelt und auf dem Bildschirm angezeigt. Vorgesehene Eingaben (Tagesdaten, Ort, Bezeichnung, kurzer Text o. ä) werden dem Nutzer in der letzten Bildschirmzeile abgefordert. Zu den einzelnen Klauseln kann zusätzlich ein Kommentar aus einer Kommentardatei aufgerufen werden. Die Ergebnisse – die für die jeweiligen Klauselnummern ausgewählten Varianten einschließlich der angeforderten Nutzereingaben – werden in einer Arbeitsdatei abgespeichert. Diese wird als Arbeitsdatei konzipiert, damit sie wiederholt (für unterschiedliche Bedingungen und Anwendungsfälle) erstellt werden kann. Ihr Dateiname wird so gewählt, daß (wenigstens) an verschiedenen Tagen erarbeitete Verträge unterschieden werden können. Am Ende der Programmabarbeitung wird die Ergebnisdatei in eine Textdatei kopiert, damit die Weiterverarbeitung des vorliegenden Vertragsentwurfes durch ein Textverarbeitungsprogramm erfolgen kann.

Der skizzierte Ansatz geht von stark vereinfachten Voraussetzungen aus. In der Praxis sind viele Fragen wechselseitig abhängig, ihre Beantwortung kann häufig aus konkreten ökonomischen Sachverhalten resultieren, die verschiedentlich in Datenbanken widergespiegelt sind. Ferner wird i. d. R. eine mehrfache Ergänzung oder Änderung des Vertragsentwurfes notwendig, der Zugriff auf bereits abgespeicherte Daten und/oder deren Verknüpfung erforderlich sein. Schließlich werden in der Praxis weitere Forderungen gestellt (Übersetzungen der Klauselvarianten in Fremdsprachen, umfangreiche Recherchen u. ä.). Alle diese Probleme lassen sich schrittweise durch Einbeziehung weiterer Dateien unter Zugrundlegung des vorgestellten Konzepts klären. Die dazu erforderliche Hard- und Standardsoftware ist jedenfalls bereits verfügbar.

Sehr gut eignet sich REDABAS auch zur dialoggestützten juristischen Problemlösung in Auskunftssystemen an Arbeitsplatzrechnern.[10] Soweit ein Problem in Teilprobleme zerlegbar und deren Lösung in der Struktur eines Netzes oder Entscheidungsbaumes organisierbar ist, können solche Teilprobleme auch als Zeilen einer Tabelle aufgefaßt und damit als Datensätze verwaltet werden. Verknüpfung und Auswertung der angesprochenen Netze juristischer Teilprobleme sind mit einem relationalen Datenbanksystem einfach: Die Teilprobleme und ihr Zusammenhang sind nach der einmaligen Erarbeitung der Auswertungsprogramme nur in zwei Dateien zu erfassen. Änderungen oder Erweiterungen sind ebenfalls ausschließlich in den Dateien vorzunehmen.

Einmal gestattet REDABAS die unkomplizierte Darstellung der Gültigkeit von Rechten und Pflichten in Abhängigkeit vom Sachverhalt, zu dem auch die Wahrnehmung oder Nichtwahrnehmung anderer Rechte und Pflichten zählt. Zum anderen lassen sich spezifische Informationsangebote auch als abzubildende Teilprobleme auffassen. Schließlich kann in den Auswertungsprogrammen eine Schnittstelle zum wahlfreien Aufruf beliebig einfügbarer Servicefunktionen vorgesehen werden.

Kern des Auskunftssystems ist eine Menü-Datei, in der jeder Datensatz jeweils ein juristisches Teilproblem abbilden soll. Neben einem Standardkopf werden auf dem Bildschirm aus dem jeweiligen Datensatz eine Kurzbeschreibung des Teilproblems und ein Menü angezeigt. Von der durch den Nutzer getroffenen Auswahl hängt die weitere Fortsetzung ab. Diese ist in Tripeln gespeichert, die die Verbindung zwischen möglichem Menüwert, Fortsetzungsansatz und zugeordnetem Ergebnissatz (einer zweiten Datei) herstellen. Dieses Ergebnis wird beim nächsten Bild angezeigt .Stimmt die Nutzereingabe mit keinem Feldwert des angebotenen Menüs überein, so wird geprüft, ob eine Servicefunktion vom Nutzer aufgerufen wurde. Solche Servicefunktionen können evtl. verfügbare Hilfsprogramme (z. B. für Fristenberechnungen), Kommentare zu erläuterungsbedürftigen Begriffen, den Nachweis von Rechtsquellen, den Rücksprung zum zuvor bearbeiteten Teilproblem u. ä. beinhalten. Nachdem die angeforderte Servicefunktion absolviert wurde, wird die Anzeige des zuletzt behandelten Problems wiederholt. Das gleiche geschieht bei einer im Datensatz nicht vorgesehenen Nutzereingabe. Auf diese Weise ist ein permanenter Übergang von einem Teilproblem zum folgenden gewährleistet, bis ein definiertes Ende erreicht wird oder der Nutzer den Dialog vorfristig abgebrochen hat. Wahlweise erfolgt auf einem eventuell verfügbaren Drucker die Protokollierung der Fallbearbeitung (jeweils Ausdruck der Kurzbeschreibung des Teilproblems, des Menüs, der Nutzereingabe und des Ergebnisses).

Lösbar sind auch folgende Fragen, deren Klärung zudem eine übersichtliche und effektive Strukturierung der Dateien ermöglicht:

- Zusammenfassung wiederholt zu lösender Folgen von Teilproblemen: Aus der Sicht des Erkenntnisprozesses können gleiche Teile an verschiedenen Stellen eines Entscheidungsbaumes, aus juristischer Sicht gleiche Rechtsinstitute an verschiedenen Punkten der Fallösung auftreten. Mittels eines bei der Aktivierung des ersten Datensatzes genutzten einfachen Kellerungsprinzips lassen sich entsprechende Folgen von Datensätzen nur einmal abspeichern.
- Abarbeitung vorbereiteter Unterprogramme für Rechenoperationen (z. B. zur Berechnung und Kontrolle von Fristen).
- Verwendung von Subdateien zur einfacheren Dateipflege im Prozeß der Softwareentwicklung: Alle Sätze einer Problemgruppe (Rechtsinstitut, Normenkette) lassen sich zu einer Einheit zusammenfassen, die über eine „Leitadresse“ aufrufbar ist.
- Variable Fortsetzung der Abarbeitung in Abhängigkeit von früher getroffenen Entscheidungen: Die potentiellen (zweiwertigen) Entscheidungen lassen sich mittels Summen von Zweierpotenzen einfach in den Sätzen der Menü-Datei abbilden, wodurch die Menüauswahl durch den Nutzer weiter qualifiziert werden kann.

Verglichen mit der Nutzung höherer Programmiersprachen oder den derzeitigen Hilfsmitteln der künstlichen Intelligenz, die allerdings beide die Unterstützung zusätzlicher (auch juristischer) Aufgabenklassen ermöglichen, ist die Entwicklung solcher Auskunftssysteme mit einem relationalen Datenbanksystem relativ einfach. Zudem ist ein beachtlicher Problemumfang von etwa 1 000 Sätzen der Menü-Datei bereits auf verfügbaren 8-bit-Rechnern realisierbar. Entsprechende Aussagen lassen sich auch zu den anderen erläuterten Anwendungsmöglichkeiten relationaler Datenbanken treffen.

Über die Lösung der speziellen Aufgaben hinaus sprechen weitere Argumente für die Nutzung relationaler Datenbanken:

1. Die Struktur der Dateien und die zu ihrer Nutzung entwickelten Programme können für andere (juristische) Problembereiche schematisch übernommen werden.[11]
2. In zahlreichen, insbesondere betriebswirtschaftlichen und Verwaltungs-Anwenderbereichen bestehende und sich weiter vertiefende Erfahrungen zum Aufbau und zur Nutzung relationaler Datenbanken fördern die Integration juristischer Hilfsmittel, die auch und teilweise vorrangig von Nichtjuristen (Leiter, Ökonomen, Techniker) genutzt werden können.
3. Entwicklung und Nutzung von Software zur rechnergestützten Rechtsanwendung sollten auch aus dem Blickwinkel der Bildung und Wirksamkeit des Rechts arbeitsteilig erfolgen. Zur Vorbereitung entsprechender Formen verteilter Informationsverarbeitung sind relationale Datenbanken akzeptable Hilfsmittel.

Anmerkungen

1 Relationale Datenbanksysteme werden auch verbreitet auf Großrechnern betrieben. In der DDR wird zum Beispiel das System TOPAS genutzt; vgl. U. Hempel/H. Loley, Datenbanken mit Personalcomputern, Berlin 1987; W. Abt, Einsatz von Datenbanken für die Informationstätigkeit, in: rechentechnik/datenverarbeitung, 8/1985, S. 20–22.

2 Vgl. K. Sack, Einsatz von Standardanwendersoftware für den PC zur Lösung betriebswirtschaftlicher Aufgaben, in: rechentechnik/datenverarbeitung, 12/1986, S. 13–15; K. Sack, Der Einsatz von 16-bit-Basissoftware für die Lösung betriebswirtschaftlicher Aufgaben, in: rechentechnik/datenverarbeitung, 6/1988, S. 5–7.

3 Vgl. P. Albrecht, Das Datenbanksystem dBASE II – Einführung in die Programmierung und das Arbeiten mit dBASE II, Haar b. München 1983.

4 Vgl. H. J. Manecke/D. Langbein/W. Eckardt, Zur Theorie und Praxis der Anwendung des Datenbanksystems dBASE II, Suhl 1986.

5 Vgl. Grundlagen der elektronischen Datenverarbeitung für Ökonomen – Hochschullehrbuch, Berlin 1986, S. 85 ff.

6 Vgl. H. J. Manecke/D. Langbein/W. Eckardt, a. a. O., S. 13 ff.

7 G. Hummel, Rechnergestützte Bilanzierungssysteme, in: Informationstechnologien und umfassende Intensivierung der Wirtschaft, Berlin 1987, S. 76–78.

8 Vgl. C. Ebenroth/H. Becker, EDV-gestützte Gestaltung internationaler Verträge, Computer und Recht (Köln) 8/1986, S. 504–510.

9 Vgl. R. Koitz, Rationalisierung der Rechtsanwendung im Außenhandel durch automatisierte Informationsverarbeitung, Berlin 1985 (Diss. B).

10 Soweit ersichtlich wurde diese in der DDR zuerst von I. und K. Bönninger erkannt und im System JUDI für mehrere Rechtsgebiete ausgenutzt.
Vgl. I. Bönninger/K. Bönninger, Das Treffen von Entscheidungen in der Rechtsanwendung unter Einbeziehung eines Rechners (dargestellt auf dem Gebiet des Rechts der öffentlichen Straßen), in: Staat und Recht, 4/1985, S. 325–333.

11 Vgl. I. Fritsche, Lösung juristischer Aufgaben mit Rechnerunterstützung?, in: Staat und Recht, 11/1986, S. 890–895.

Wolfgang Peller

Die Nutzung moderner Rechentechnik zur weiteren Qualifizierung der gerichtlichen Tätigkeit

In der unmittelbaren Vorbereitung auf diese Tagung des Rates wurde mir immer mehr bewußt, daß das Thema meines Vortrages nicht ganz unproblematisch ist. Mit der Betonung auf „Qualifizierung der Rechtsprechung" wird vordergründig Bezug auf die gerichtliche Entscheidungsfindung genommen. Keineswegs kann es sich dabei um „Entscheidungen durch den Computer" – mag er von seinen Konstrukteuren und Produzenten auch als noch so intelligent bezeichnet werden – handeln, da die Verfassung der DDR[1] bestimmt, wer Recht zu sprechen hat. Anders verhält es sich mit „dem Computer als Entscheidungshilfe". Dies wird jedoch durch unsere realen Möglichkeiten und von sehr harten, praktischen Erfordernissen bestimmt, die uns noch hindern, solche Entwicklungen zielstrebig anzugehen und den Richter im Ja-Nein-Dialog mit der Maschine zur Entscheidung zu führen. Das ist bedauerlich, aber Wünsche und Träume sind mit der gesellschaftlichen Realität und ihren Erfordernissen leider häufig nicht deckungsgleich. Jedoch wird an den Gerichten seit Jahren moderne Rechentechnik zur weiteren Qualifizierung der gerichtlichen Tätigkeit eingesetzt und genutzt. Zu diesem Thema möchte ich einige Ausführungen machen: Die Qualität der Rechtsprechung wird letztlich, aber nicht allein, durch die politisch und juristisch richtige, gerechte Entscheidung bestimmt. Sie erfordert von Richter und Schöffen nicht nur eine hohe Qualifikation, verbunden mit Eigenschaften, wie sie in allgemeinster Form in der Verfassung der DDR[2] formuliert sind, sondern bedarf auch effektiver Methoden der Entscheidungsfindung. In der gerichtlichen Tätigkeit sind diese heute jedoch häufig noch mit einem nicht unerheblichen technisch-organisatorischen Arbeitsaufwand verbunden, der sich auf die Effektivität hemmend auswirkt und der insbesondere auch unter Berücksichtigung der Belastung der Gerichte durch einen zunehmenden Arbeitsanfall und gleichzeitig bestehender Kaderprobleme dort unser eigentliches „Nadelöhr" darstellt. Der „Stau" in der Arbeitsorganisation *vor* und *nach* der Entscheidung führt zu Effektivitätsverlusten in der Rechtsprechung, beeinträchtigt unsere Zielstellung einer zügigen und rationellen Verfahrensbearbeitung – eine ob ihrer Selbstverständlichkeit schon fast vergessene Errungenschaft unserer Gerichtstätigkeit – erheblich und wirkt sich also unbestritten qualitätsmindernd für die Rechtsprechung aus. Dabei weisen die einzelnen Rechtsgebiete Unterschiede auf. Jedoch all diese Probleme berühren Fragen der Autorität der Gerichte und des Vertrauens der Bürger zu ihnen, und zwar häufig mehr, als diese oder jene korrekturbedürftige Entscheidung. Sie besitzen daher einen hohen politischen Stellenwert.

Diese Überlegungen haben deshalb von Anfang an wesentlich unsere Zielstellung für den Einsatz der Computer an den Gerichten und Staatlichen Notariaten bestimmt. Es ging und geht also nicht darum, den Computer überall dort einzusetzen, wo es möglich ist, wo es möglicherweise „modern" erscheint, sondern vielmehr darum, den Einsatz der Rechentechnik dort anzustreben, wo nachweislich Effektivitätsgewinne zu erreichen sind. In diesem Sinne wurden strategisch drei Entwicklungsrichtungen für den Einsatz von Computern, für den Aufbau rechnergestützter Arbeitsplätze bei den Gerichten und Staatlichen Notariaten konzipiert: Die *erste* ist die der rechnergestützten Verfahrensorganisation. Ihre Zielstellung besteht darin, die im Zusammenhang mit der gerichtlichen Verfahrensdurchführung anfallenden Registrier-, Informations- und Schreibarbeiten, Meldepflichten und anderen Routinearbeiten computergestützt zu erledigen, wobei hier am Anfang das Schwergewicht eindeutig auf dem Gebiet der Textverarbeitung lag. Die *zweite* weist auf die Nutzung der Computer für das große Gebiet der Rechtsinformation und die *dritte* auf ihren Einsatz für den Prozeß der Leitung und Verwaltung hin.

Diese Konzeption ist mit der Arbeit entstanden und entwickelt worden. Am Anfang waren wir in Abhängigkeit vom Niveau der Gerätetechnik viel bescheidener in unseren Überlegungen. Als wir vor nunmehr fünf Jahren das erste, handgefertigte Muster eines Computers, das heute schon legendäre elektronische Schreibsystem, zur Verfügung gestellt erhielten, war es naheliegend, seine Möglichkeiten zunächst auf dem Gebiete der automatisierten Textverarbeitung zu erproben. Dort ist auch recht schnell der Nachweis höherer Effizienz gelungen. Auch waren bereits weitere Vorteile für eine wirkungsvollere, auch inhaltliche Arbeit erkennbar.

Neben der Qualität der über Computer hergestellten Schriftstücke hinsichtlich des gleichbleibend guten Schriftbildes und der fehlerfreien Wiedergabe der gespeicherten Texte und Daten, wurde der für den Inhalt Verantwortliche von sich wiederholender Textkontrolle, von wiederholenden Formulierungen, vom Diktieren oder Schreiben standardisierter Texte, z. B. durch die Textkorrektur am Bildschirm, stark entlastet. Es wurde ein Zeitgewinn für das angestrebte schöpferische Arbeiten erreicht. Der damit verbundene Abbau von Hektik und Zeitdruck führte zu höherer Arbeitssicherheit und damit auch zu größerer Zufriedenheit der Mitarbeiter in ihrer Arbeit. Das hat sich auch in der Folgezeit bestätigt. Seitdem vollzieht sich – wenn auch langsam, so doch für jeden erkennbar – ein tiefgreifender Wandlungsprozeß in der Arbeitsorganisation der Gerichte, der mit dem Erfordernis verbunden ist, Ziele, Möglichkeiten und Grenzen des Einsatzes der Computer auf diesem Gebiet immer wieder neu entsprechend den Anforderungen und Bedingungen zu bestimmen und die sich daraus ergebenden Leitungsaufgaben exakt festzulegen.

Ausgehend von den 1983 gewonnenen ersten Erfahrungen in der Arbeit mit dem elektronischen Schreibsystem A 53 10 wurde im August 1984 eine Grundorientierung für den Aufbau und Einsatz rechnergestützter Arbeitsplätze in der gerichtlichen und notariellen Tätigkeit erarbeitet. Ihr lag die Zielstellung zugrunde, durch den Einsatz der Computer dazu beizutragen, die Effektivität und Qualität der gerichtlichen Arbeit zu erhöhen, die Autorität der gerichtlichen Tätigkeit weiter zu stärken, das Vertrauen der Bürger zu den Justizorganen weiter zu festigen: durch die Sicherung einer zügigen und entsprechend den Rechtsvorschriften fristgemäßen Bearbeitung aller gerichtlichen Verfahren, die schnelle Fertigung des mit der Verfahrensbearbeitung anfallenden Schriftgutes und seine rechtzeitige Bereitstellung für den Bürger und die Überwindung des Widerspruchs zwischen ständig steigenden quantitativen und qualitativen Anforderungen an die Arbeit und den vorhandenen Planstellen.

Der Einsatz der Computer für die automatisierte Textverarbeitung hatte schon nach kurzer Zeit die Praxisbewährung bestanden und erweist sich heute als eine reale Möglichkeit, das genannte „Nadelöhr" in der gerichtlichen Tätigkeit zu beseitigen, vor allem fristgerecht und qualifiziert das dienstliche Schriftgut zu fertigen. Neben erheblichem Zeitgewinn (nicht zuletzt durch die Vermeidung von Doppelarbeiten) bringt die Textbearbeitung auch sichtbaren Qualitätszuwachs. Besonders hohe Effektivitätsgewinne werden durch die Arbeit mit Standardtexten und Textbausteinen erreicht. Im

Vergleich zur herkömmlichen Arbeitsweise konnten dabei Zeiteinsparungen bis zu 70 % festgestellt werden. Ausgehend vom typischen Schriftgut in der gerichtlichen Arbeit und den erprobten Anwendungsbeispielen sowie einer angestrebten vollen Auslastung der Computer könnten nach unseren Erkenntnissen Einsparungen von 4 500 bis 5 000 Stunden Arbeitszeit pro Jahr und Computer erreicht werden. In dem Umfang, wie neue Programme Eingang in die gerichtliche Tätigkeit finden, Computer mit höherer Leistung angeboten und immer sicherer beherrscht werden, wird sich hier eine weitere Entwicklung vollziehen.

Die Textbearbeitung war aber auch von nicht geringen Auseinandersetzungen begleitet. In diesen ging es sowohl darum, ideologische Vorbehalte abzubauen als auch Mißverständnisse und Ungereimtheiten auszuräumen. Das war besonders hinsichtlich der Anwendung von Standardtexten und Textbausteinen der Fall. Obwohl das jetzt alles überwunden erscheint, möchte ich trotzdem auf diese Problematik eingehen und unsere auch durch die Praxis getragene und bestätigte Position darlegen:

Unbestritten ist, daß es bei der Fertigung des dienstlichen Schriftgutes gerade in der Justiv vielfach wiederkehrende Formulierungen gibt. Diese Tatsache ist Anlaß gewesen, solche Formulierungen zu überprüfen, zu standardisieren und sie rechnergestützt zu speichern, damit sie jederzeit abrufbar sind. Das Textprogramm ist dabei so flexibel, daß diese Standardtexte bei Abruf verändert und individuelle, auf den konkreten Sachverhalt bezogene Einfügungen vorgenommen werden können. Die Nutzung von Standardtexten soll vor allem den Richter von der Routinearbeit befreien und im Protokollbereich Zeiteinsparungen im großen Umfang ermöglichen. Keine Probleme gab es, wenn es sich um Schriftstücke, Informationen usw. handelte. Sie traten aber sofort auf, als Standardtexte für gerichtliche Entscheidungen eingesetzt wurden, so z. B. bei Eheurteilen, die an manchen Gerichten eines wie das andere aussahen. Das mußte leitungsmäßig schnell verändert werden, und heute gilt der Grundsatz, daß das Textprogramm zur Fertigung von Entscheidungen für ein konkretes Rechtsverhältnis genutzt und die Individualität in jedem Fall gewahrt wird. Schon aus diesem Grunde ist auf die Ausarbeitung zentraler Texthandbücher verzichtet worden. Der Richter bzw. Sekretär hat dazu selbst seine Standardtexte zu erarbeiten. Heute vollzieht sich diese Arbeit problemlos, aber wir haben eben hier doch – insbesondere was die ideologische Arbeit angeht – Lehrgeld zahlen müssen.

Schon bei der Textbearbeitung, insbesondere mit dem Einsatz der ersten Bürocomputer, wurde klar, daß sich der Computereinsatz in der gerichtlichen Tätigkeit nicht auf die Textbearbeitung reduzieren kann. Er erwies sich besonders sinnvoll bei solchen organisatorisch-technischen Arbeiten wie der Verfahrensüberwachung, der Bereitstellung von Informationen für Verfahren, der statistischen Analysenarbeit, der Speicherung von Daten (z. B. für die Namensdatei) und bei der Fertigung von Meldungen sowie für die Rechtsinformation und für bestimmte Tätigkeiten im Bereich der Leitung und Verwaltung.

Zielstrebig wurde deshalb begonnen, eigene, also Anwendersoftware zu entwickeln, die vor allem auf die Unterstützung der Bearbeitung gerichtlicher Verfahren ausgerichtet ist und einen Beitrag zur Erhöhung der Effektivität der Rechtsprechung darstellt. Dazu wurde eine enge Zusammenarbeit mit anderen staatlichen Institutionen, Betrieben sowie wissenschaftlichen Einrichtungen entwickelt und Anwenderprogramme erarbeitet. Gegenwärtig wird ein solches Programm für das Familienrecht an allen Kreisgerichten angewendet, soweit sie mit Computern ausgerüstet sind. Mit dem Programm wird der gesamte organisatorisch-technische Verfahrensablauf über den Computer geführt; einmal gespeicherte Daten, die ja während des Verfahrens vielfach wieder gebraucht werden, stehen dadurch je nach Anforderung abrufbereit zur Verfügung. Obwohl es in erster Linie um die technisch-organisatorische Verfahrensbearbeitung geht, wird hier jedoch ein Problem deutlich, das von Anfang an eine Rolle gespielt hat und das Verhältnis von Computereinsatz und Recht betrifft. Die gerichtliche Tätigkeit unterliegt, wie kaum eine andere, den Zwängen und Vorgaben von Rechtsvorschriften, vor allem der Prozeßvorschriften. Mit den von mir genannten Einsatzmöglichkeiten stoßen wir derzeit nicht an deren Grenzen. Der Einsatz der Computer erfolgte im Rahmen dieser Rechtsvorschriften, wobei jedoch interne arbeitsorganisatorische Regelungen tangiert wurden und der Veränderung bedurften. Diese Situation wird sich sicherlich verändern. Im Rahmen der Gesetzgebungsarbeiten sollen auch Wege für die weitere Entwicklung auf diesen Gebieten eröffnet werden – z. B. was die Anforderungen und Formalien bei der Klageaufnahme und bei Antragstellungen usw. betrifft. Ein weiteres Programm besteht darin, durch eine gerichtliche allgemeine Namensdatei zeitaufwendige Arbeitsprozesse zu vereinfachen. Des weiteren wurde 1987 begonnen, ein sogenanntes Komplexprogramm zu erarbeiten, dem eine rechnergestützte Bearbeitung der weiteren Familien-, Zivil- und Arbeitsrechtsverfahren sowie der Vollstreckungs- und später auch der Strafverfahren zugrundeliegt und in dem es Ansätze gibt, die Entscheidungsfindung für den Richter im Ja-Nein-Dialog mit dem Computer zu unterstützen.

Seit Anfang des Jahres 1988 erfolgt an den Bezirksgerichten die Einführung der rechnergestützten Bearbeitung der Statistik unter Anwendung eines selbstentwickelten Programmes. Daneben wird aber auch weitere Standardsoftware zunehmend in der gerichtlichen Tätigkeit genutzt. Dies geschieht zwar nicht unmittelbar im Prozeß der Rechtsprechung, sondern in einem nicht unerheblichen Umfange im Bereich der Leitung und Verwaltung, so z. B. u. a. für die Schöffen- und Schiedkommissionsarbeit, für die Bearbeitung der Eingaben, für die rechnergestützte Erarbeitung von Rechtsmittelanalysen und für Kontrollaufgaben bei der Geldstrafenverwirklichung. Es ist vorgesehen, in Form einer Softwaredatenbank und Programmbibliothek weitere Möglichkeiten der Nutzung von Standardsoftware für die Gerichte zu erschließen.

Bei allem wissen wir, daß die vorhandene Technik uns bestimmte Grenzen beim sinnvollen Einsatz der arbeitsplatzbezogenen Rechentechnik setzt. Mit den zu erwartenden Arbeitsplatzcomputern erhoffen wir uns insoweit weitere Fortschritte. Mit ihnen wird nicht nur ein schnelleres Abarbeiten der vorhandenen Programme möglich, sondern sie gewährleisten auch eine wesentlich höhere Speicherkapazität. Bestimmte und wichtige Projekte, z. B. die Bearbeitung der Vollstreckungsverfahren, konnten auch wegen der geringen Speicherkapazität bisher noch nicht realisiert werden. Die 8-Bit-Technik ließ das nicht zu. Wir erwarten, mit Hilfe der Arbeitsplatzcomputer weitere Bereiche für die rechnergestützte Arbeit zu erschließen und bereits vorhandene Programme wesentlich verbessern zu können.

Zur Problematik der Rechtsinformation ist folgendes auszuführen: Es ist sicher, daß der Einsatz von Computern entscheidend zur Qualifizierung der Rechtsinformationstätigkeit beitragen kann. In Form einer Problemdokumentation liegen konzeptionelle Vorstellungen zum Aufbau und zur Entwicklung eines Rechtsinformationssystems vor. Sie betreffen u. a. die rechnergestützte Speicherung der Leitungsinformationen des Ministeriums der Justiz sowie die Erfassung von Rechtssätzen und Rechtsstandpunkten, von Leitungsdokumenten auch anderer zentraler Organe soweit sie für die Arbeit der Gerichte von Bedeutung sind, von Rechtsliteratur und von Rechtsvorschriften des Karteibuches der Gesetze. Dazu sind jedoch noch eine Reihe theoretischer und praktischer Vorarbeiten zu leisten und zentrale Leitungsentscheidungen vorzubereiten und zu treffen. Gegenwärtig ist vorgesehen, kleinere Informationsprogramme auf der Grundlage der vorhandenen Mikrorechentechnik zum Einsatz zu bringen. So werden wir den Gerichten Disketten mit in der „Neuen Justiz“ veröffentlichten Rechtssätzen in Straf-, Zivil-, Familien- und Arbeitsrechtssachen zur Verfügung stellen. Gleiches ist hinsichtlich der in den Informationen des Obersten Gerichts der DDR enthaltenen Rechtssätze geplant. Weiterhin ist vorgesehen, einen entsprechenden Änderungs- und Ergänzungsdienst zur Rechtsinformation zu organisieren und dadurch für die Gerichte fortlaufend eine aktuelle Information zu ermöglichen. Jedes Gericht, das über einen Computer verfügt, wird damit im Besitz eines dezentralen kleinen Datenspeichers für bestimmte Teilgebiete der Rechtsinformation sein.

Die bisher erreichten Ergebnisse ermutigen uns, weiterhin zielstrebig unsere Einsatzkonzeption umzusetzen. Dazu gehört auch, das Tempo der Ausstattung der Gerichte mit Computern zu erhöhen und noch vorhandene Schwierigkeiten, die auch mit der uns zur Verfügung stehenden unterschiedlichen Gerätetechnik im Zusammenhang mit der Entwicklung und durchgängigen Nutzung einheitlicher Software bestehen, zu überwinden. Ich möchte auch nicht unerwähnt lassen, daß die genannten drei Entwicklungsrichtungen des Einsatzes der Computertechnik prinzipiell auch in strategischen Konzeptionen anderer Länder zu finden sind, wenn auch zum Teil in anderer Reihenfolge und mit anderen Zielstellungen. Sie bestätigen eigene, positive fünfjährige Erfahrungen auf diesem Gebiet und unterstreichen, daß der von uns eingeschlagene Weg offensichtlich richtig ist.

Anmerkungen

1 Verfassung der Deutschen Demokratischen Republik vom 6. 4. 1968 i. d. F. des Gesetzes zur Ergänzung und Änderung der Verfassung der DDR vom 7. 10. 1974 (GBl. I/1974 Nr. 47, S. 432).

2 Ebenda.

Karl-Heinz Oehmke

Zum Einsatz der Computer- und Rechentechnik im Bereich der Justizorgane – Erfahrungen des Stadtgerichtes von Berlin, Hauptstadt der DDR

Seit 1987 verfügen alle Berliner Gerichte und das Staatliche Notariat über Computertechnik. Diese wurde bis Mitte 1988 in der gerichtlichen und notariellen Tätigkeit auf der Grundlage von Texthandbüchern vorrangig zur Textbearbeitung von wiederkehrenden Texten und Textteilen eingesetzt, und zwar insbesondere bei Protokollen und Urteilen in Ehesachen, Beschlüssen auf allen Rechtsgebieten, bei der Bearbeitung notwendiger Benachrichtigungen am Rahmen der Strafenverwirklichungen sowie von Informationen und anderem Schriftgut. Die Textbearbeitung hat sich überall dort bewährt, wo möglichst häufig wiederkehrender Text verwendet werden konnte. Aus der Erfahrung in der Anwendung von Bausteinen läßt sich allerdings sagen, daß ein Zeiteffekt nur dann eintritt, wenn es sich um längere Bausteine handelt. Die Anwendung kürzerer, die mitunter nur aus einem Satz bestehen, ist dagegen nicht effektiv. Bewährt hat sich allerdings auch das Schreiben von Urteilen bei umfangreichen Strafverfahren mit vielen Geschädigten. Es hilft, den Geschädigten schneller die zur Vollstreckung geeigneten Urteilsausfertigungen auszuhändigen. Allemein geschätzt werden auch die günstigen Korrekturmöglichkeiten mittels der Computertechnik. Damit werden zwar weniger Zeiteffekte erreicht, jedoch erfolgt eine wesentliche Verbesserung des Schriftbildes, was keineswegs gering zu werten ist.

Im Bereich des Staatlichen Notariats wird die Technik bei Vertragsbeurkundungen und bei Beschlußfassungen in Pflegschaftsverfahren eingesetzt. Immerhin werden so von den Außenstellen des Notariats, die diese Technik handhaben, bereits 80 % der Vertragsbeurkundungen und 50 % der Beschlüsse in Pflegschaftssachen bearbeitet. Dabei wird eine Senkung des Schreibaufwandes von etwa 70 % erreicht, und das Schriftbild der Dokumente wesentlich verbessert.

Durch den Einsatz der Computertechnik wurden im Verlaufe des Jahres 1987 ca. 50 000 Schreibseiten erarbeitet. Das macht etwa 10 % des Schriftgutes aus, das insgesamt jährlich in der notariellen und gerichtlichen Tätigkeit anfällt. Im Verlaufe von 3 Quartalen wurden im Bereich der gerichtlichen Tätigkeit immerhin 4 231 Urteile, davon 2 569 im Familienrechtsbereich, 5 093 Verhandlungsprotokolle, auch hier vorwiegend im Familienrecht, 1 513 Beschlüsse, hier vorwiegend im Strafbereich und 1 168 Strafenverwirklichungen erstellt. Auch in anderen Bereichen, z. B. in der Zentralbuchhaltung, aber auch in der Leitungstätigkeit, hat sich die Computertechnik bewährt. Mit dem Datenbanksystem Redabas wird die Möglichkeit genutzt, Datenbanken zu errichten, z. B. für die Erfassung, Ladung und Benachrichtigungen von Schöffen und Mitgliedern der Schiedskommissionen.

Das alles bringt Nutzen: Einsparung an Arbeitszeit, Verkürzung und Beschleunigung von Arbeitsabläufen, wesentliche Verbesserung des Schriftbildes gerichtlicher und notarieller Dokumente, Nutzen für Informations-, Analyse- und Leitungsprozesse. Der Einsatz der Computertechnik trägt zugleich zur Überwindung monotoner Arbeitsweise und zur Entlastung im technischen Bereich bei. Nicht gering geschätzt werden darf der

Effekt, daß durch die logische Abarbeitung des Programms entsprechend den meist gesetzlich geregelten Erfordernissen der gerichtlichen und notariellen Tätigkeit Fehler wesentlich eingegrenzt werden.

Die Erfahrungen beim Einsatz dieser Technik lassen sich wie folgt zusammenfassen:

1. Der Einsatz der Computer- und Rechentechnik im Bereich der Justiz erweist sich auf der Grundlage der Orientierung des Ministeriums der Justiz aus dem Jahre 1984[1] als der derzeitige Hauptweg zur Rationalisierung der gerichtlichen und notariellen Tätigkeit.

Die Textbearbeitung erbringt gewisse Effekte, auf die wir auch künftig nicht verzichten dürfen. Jedoch sind Anwendungsmöglichkeiten und die Anwendungsbreite der Computertechnik wesentlich größer. Hinzu kommt, daß der zu schematisierende und standardisierende Text besonders in der gerichtlichen Tätigkeit keineswegs unendlich, sondern nach unserem derzeitigen Verständnis doch relativ begrenzt ist.

Weit größere Effekte als bei der Textbearbeitung erreichen wir, wie das seit Anfang des Jahres 1988 angewendete Programm „EHE I" zeigt, damit, daß die Erfassung und Begleitung aller eingehender Verfahren, die Fristenkontrolle, die statistische Erfassung, also die gesamte Verfahrensorganisation vom Eingang bis zum Abschluß eines Vorganges in der Kombination mit Textverarbeitung erfolgt. In die Arbeit mit dem Programm „EHE I" ist ein weit größerer Teil der Mitarbeiter einbezogen als das bei der Textbearbeitung der Fall war. Im Auftrage des Ministeriums der Justiz wurde 1988 an zwei Stadtbezirksgerichten ein weit umfassenderes Komplexprogramm getestet, mit dem Ziel, künftig alle eingehenden Anklagen, Klagen und Anträge, also auch hinsichtlich der Vollstreckung, über den Computer zu führen. Die noch bessere Nutzung dieser Technik sowie die Entwicklung noch effektiverer Programme ist deshalb ein entscheidender Schritt zur weiteren Qualifizierung der gerichtlichen und notariellen Tätigkeit. Dies verlangt daher unsere ganze Aufmerksamkeit.

Allerdings dürfen auch die anderen Möglichkeiten der Rationalisierung keineswegs unterschätzt werden, so z. B. die volle Nutzung elektronischer Schreibmaschinen mit der Möglichkeit, durch Kopplung mit zusätzlichen externen Speichern ähnliche Effekte bei der Textbearbeitung wie mit dem Computer zu erreichen. Hier ist vor allem daran gedacht, eine noch größere Ordnung in den Arbeitsabläufen, eine straffere Organisation der gesamten Arbeit als eine nicht zu unterschätzende Rationalisierungsquelle zu erzielen. Unseres Erachtens fordert geradezu der Einsatz der Mikroelektronik und so auch der Computertechnik in der gerichtlichen und notariellen Tätigkeit die komplexe Rationalisierung, die konsequente Überprüfung aller Arbeitsabläufe bis hin zur Veränderung bisheriger Strukturen und Arbeitsaufgaben.

2. Eine weitere Erfahrung besteht darin, daß der Einsatz von Computern in Gerichten und Notariaten bei verantwortungsbewußter Handhabung hilft, die Qualität und damit die Wirksamkeit im Hauptfeld der gerichtlichen Tätigkeit, nämlich der Rechtsprechung, konkret bei der Protokollführung und der Entscheidungsbegründung, zu verbessern.

Die juristische Arbeit wird dadurch nicht gemindert, sondern noch erhöht, da die gesetzlich richtige und gerechte Entscheidungsfindung auf der Grundlage eines aufgeklärten Sachverhaltes weiterhin uneingeschränkt die Denkarbeit ausschließlich des Richters und der Schöffen fordert. Das kann durch den Computer nicht ersetzt werden. Jedoch die gerichtliche Entscheidung im Urteilstenor und eine überzeugende Begründung lassen sich mit Hilfe der Computertechnik auch für den Richter leichter formulieren. Die Verwendung von schematischen und standardisierten Textteilen und Bausteinen in den geeigneten Fällen, wie sie derzeitig auch ohne Computertechnik in Urteilen und anderen Entscheidungen enthalten sind, soll dem Richter helfen, Zeit zu gewinnen, die er für die richtige Beurteilung schwieriger Sachverhalte und für die überzeugenden Begründungen dieser Entscheidung benötigt.

Computer nehmen dem Richter nicht Verantwortung ab, sondern fordern sie umso stärker.

Natürlich besteht die Gefahr, bei nicht verantwortungsbewußter Handhabung richterlicher Pflichten Urteile plakativ zu begründen, so daß sie ausgetauscht werden können, und sich die Prozeßparteien z. B. hinsichtlich des Verlaufs ihrer Ehe und der Zerrüttungsgründe darin nicht mehr wiederfinden. Das widerspricht der Gesetzlichkeit, widerspricht dem Anliegen, Urteile überzeugend zu begründen und damit auch rechtsbewußtseinsbildend auf die Prozeßbeteiligten zu wirken. Die Mehrzahl der Richter, die mit dieser neuen Technik und den entsprechenden Programmen arbeiten, beweisen jedoch, daß die rationellen Möglichkeiten der Textbearbeitung mittels Textbausteinen sehr wohl zu aussagekräftigen Protokollen und überzeugenden Urteilen führen, wenn der Richter in Kenntnis des konkreten Sachverhaltes den erforderlichen variablen Teil nahtlos und überzeugend einfügt. Leider gibt es auch ohne Computer noch genügend Urteile, die den Qualitätsmaßstäben nicht voll gerecht werden. Nicht die Computer, sondern Fähigkeit und Haltung der Anwender werden das nur verändern können.

Deshalb darf der Einsatz der Rechentechnik in unserer Tätigkeit niemals nur als technisch-organisatorisches Problem aufgefaßt werden. Die Nutzung und die Beherrschung neuer Technik muß in jeder Beziehung das politische Grundanliegen unseres Auftrages verwirklichen helfen. Hier ist ein wichtiges Feld der zielgerichteten Einflußnahme durch die Leitung.

3. An die Vorzüge des Einsatzes von Computertechnik dürfen keine übertriebenen Erwartungen gestellt werden.

Es zeigt sich, daß dabei zunächst viel – manchem sogar zu viel – an Aus- und Weiterbildung, an Organisation und Leitung aufgewendet werden muß. Die Phase der Einführung von Computertechnik und Programmen kann und darf nicht zu kurz bemessen sein. Da neben der neuen Arbeitsweise noch solange Elemente der bisherigen praktiziert werden müssen, bis die dauerhaft zuverlässige, sichere Beherrschung der Technik und der Programme gewährleistet ist, kommt es z. T. sogar zu Mehrarbeit.

Obwohl nicht zu übersehen ist, daß bereits jetzt durchaus anerkennenswerte Ergebnisse auf den verschiedensten Gebieten ausgewiesen werden können, und eine ganze Reihe Berliner Gerichte in ihrer Arbeit deutlich machen, daß mit dem zunehmenden Grad der Beherrschung der neuen Technik und der Programme auch die positiven Effekte zunehmen, ist jedoch eine durchgreifende Einsparung an Arbeitszeit oder etwa die Freisetzung von Arbeitskräften noch keineswegs erreicht. Der Einsatz der Technik hilft aber, fehlende oder ausfallende Arbeitskräfte zu kompensieren.

Befriedigen können die Auslastungsquote und das tatsächlich Erreichte noch keineswegs. Die Auslastungsquote, d. h. die Quote der Ist-Nutzung zum täglich geforderten 12stündigen Einsatz, ist zwar gestiegen und betrug im I. Quartal 1988 immerhin 70 %. Das bedeutet aber auch, daß 30 % der möglichen Einsatzzeit, und das sind immerhin mehr als 3 500 Arbeitsstunden, nicht genutzt wurden. Hier wird möglicher Gewinn an Arbeitszeit verschenkt. Folgende Faktoren sind hierfür maßgeblich:

- Es wird noch zu wenig technisch zu bearbeitendes Schriftgut durch die Nutzer, wie Richter und Sekretäre, aber auch durch die Direktoren angeboten. Noch nicht alle Gerichte nutzen konsequent die zur Verfügung stehenden Programme. Hier zeigt sich mitunter unbegründete Scheu und Zurückhaltung, manchmal fehlt es auch an der erforderlichen Leitungskonsequenz.

- Die Schwierigkeit, die kontinuierliche Besetzung an den Gerichten und damit am Computer zu gewährleisten, Ausfälle, Fluktuation und die Notwendigkeit, vorrangig die Durchführung von Strafverfahren abzusichern, die bekanntlich noch die handschriftliche Protokollierung erfordern, wirken hierauf ein. Von 12 Gerichten ist nur an 3 eine tägliche Auslastung von 12 Stunden, sonst nur von 10 Stunden gegeben. Der Übergang zur Schichtarbeit ist wegen der Struktur der Arbeitskräfte - ausschließlich Frauen und meist Mütter mit mehrern Kindern - außerordentlich schwierig. Hinzu kommt, daß materielle Stimulierungsmöglichkeiten von den Mitarbeitern als nicht ausreichend beurteilt werden.

Sicher wird hinsichtlich der Besetzung in der nächsten Zeit keine entscheidende Wende wegen des Mangels an qualifizierten Arbeitskräften erreicht werden. Daher müssen hohe Qualifikation bei Bedienern und Nutzern, zweckmäßige Arbeitsorganisation, strenge Ordnung, aber auch hohe Disziplin durchgesetzt werden.

Zu den Faktoren, die den effektiven Einsatz der neuen Technik beeinflussen, zählt auch die Störanfälligkeit der Computer und daß mitunter die nötigen Ersatzteile für ihre Instandsetzung fehlen. Das erweist sich in dem Maße als ein immer größer werdendes Hemmnis, wenn künftig alle beim Gericht eingehenden Verfahren und Anträge über den Computer erfaßt und bis zum Abschluß geführt werden sollen. An den Berliner Gerichten beträfe das allein jährlich etwa 65 000 Vorgänge. Hinderlich wirkt sich auch der Einsatz verschiedener Gerätetypen aus. Das stellt ungleich höhere Anforderungen an Leistung, Qualifizierung und notwendige Disponibilität der Nutzer und Bediener. Auch mangelt es noch an solchen effektiven Programmen, die möglichst in allen Abschnitten gerichtlicher und notarieller Tätigkeit einen spürbaren, möglichst durchschlagenden Effekt erreichen. Das Programm „EHE I" ist ein guter Beginn, die Möglichkeiten werden aber mit dem künftigen kreisgerichtlichen Komplexprogramm noch größer.

4. Bisherige Erfahrungen belegen, daß der Einsatz neuer Technik und ihre Vorzüge entscheidend von der Haltung und Einstellung der betreffenden Mitarbeiter abhängen. Die Nutzung der neuen Technik erfordert zuerst ideologische Klarheit bei jedem Mitarbeiter darüber, daß diese Technik unumgänglich ist, und ihre Möglichkeiten und ihre Nützlichkeit auch mit Konsequenzen hinsichtlich der Anforderungen an das Kollektiv der Dienststelle und an jeden einzelnen verbunden sind, so an die Qualifizierungsbereitschaft. Es hat sich bewährt, daß die Grundorganisationen der Partei, die Gewerkschaftsorganisationen und die staatlichen Leiter die Einführung und den Einsatz der Computertechnik zu einem Schwerpunkt in ihrer ideologischen Arbeit gemacht haben. Wir können heute feststellen, daß durch eine umfangreiche ideologische Arbeit die Mehrzahl unserer Mitarbeiter für den Einsatz dieser Technik aufgeschlossen ist und viele, aber noch nicht alle, bereit sind, Verantwortung zu übernehmen. Es hat sich als richtig erwiesen, wenn regelmäßig alle Mitarbeiter konkret über den aktuellen Stand, über die erreichten Ergebnisse informiert und auch Mängel und Probleme nicht verschwiegen werden.

Schließlich bestimmen sichere Beherrschung und damit störungsfreie Bedienung der Technik, sichere Kenntnisse über ihre Abläufe und Wirkungsmechanismen, einschließlich der Programme, entscheidend den Effekt ihres Einsatzes - und das berührt Bediener wie Nutzer. Besonders im Jahre 1987 ist dazu viel an Aus- und Weiterbildung getan worden und trug dazu bei, Qualifikation und zügige wie sichere Bedienung spürbar zu erhöhen. Dennoch ist noch nicht für jeden Mitarbeiter klar, daß angemessene Kenntnisse über Möglichkeiten, Wirkungsweise und Bedienung der Computertechnik wie auch der Programme vorhanden sein und ständig vervollkommnet werden müssen. Das verlangt unverzichtbar eine Bereitschaft zur Eigenqualifizierung, auch über die Arbeitszeit hinaus. Hier ist ein großes Feld ideologischer Arbeit, aber auch der Einflußnahme der staatlichen Leiter sowie der gewerkschaftlichen Leitung im Rahmen der Initiativ- und Verpflichtungsbewegung. Es zeichnet sich ganz klar ab, daß die Aus- und Weiterbildung im Hinblick auf den Einsatz der Computertechnik und der Beherrschung der Programme einen noch größeren Rang erhalten. Hierauf müssen wir uns einstellen, sowohl vom Plan der Aus- und Weiterbildungsmaßnahmen als auch von der personellen Absicherung. Hinzu kommt, daß das breitere Einsatzfeld der Computertechnik immer mehr alle Struktureinheiten der Gerichte und auch des Notariats durchdringt und verlangt, immer mehr Mitarbeiter mit angemessenen Kenntnissen auszurüsten. Dabei hat sich auch für uns die Erfahrung ergeben, daß die Bedienung am Computer nicht immer und in jedem Fall eine umfassende, sondern auch eine Teilausbildung erfordern kann, wenn dem betreffenden Bediener nur die Bearbeitung eines ganz bestimmten, wiederkehrenden Programms obliegt.

Auch müssen die Leiter, Richter und Notare noch mehr von den Möglichkeiten dieser Technik verstehen, um sie z. B. für geeignete Informationen und für die Analyse zu nutzen. Um diesen Prozeß in Gang zu setzen, haben wir im vergangenen Jahr mit der Bildung eines Zirkels Informatik begonnen, um insbesondere die Möglichkeiten des Datenbanksystems Redabas zu erläutern.

Jedes Neue stellt immer eine Herausforderung an das Niveau der politischen und fachlichen Leitung dar. Es erweist sich, daß viel vom Engagement des Leiters abhängt, davon, wie er die erforderliche Atmosphäre der Aufgeschlossenheit und Bereitschaft im ganzen Mitarbeiterkollektiv herbeiführt, klare Aufgaben stellt und die Arbeit so organisiert, daß der Einsatz der neuen Technik effektiv wird. Dazu sind keine besonderen Leitungslinien und Leitungsmethoden erforderlich. Jeder, der Leitungsverantwortung trägt, gleich auf welcher Ebene, muß die ihm konkret obliegende Verantwortung, muß sein Wissen und Können auch für einen effektiven Einsatz der Technik voll wahrnehmen. Hierzu gehört auch, die Arbeits- und Lebensbedingungen der Mitarbeiter im engen Zusammenwirken mit den gewerkschaftlichen Leitungen ständig zu verbessern, wie das bereits durch zweckmäßige Gestaltung der Arbeitsplätze, Einbeziehung in Dispensairebetreuung u. a. geschieht.

Abschließend kann ich den Standpunkt der Mehrheit der Mitarbeiter der Berliner Gerichte und des Staatlichen Notariats nochmals hervorheben, daß die bisherigen Erfahrungen die großen Möglichkeiten, aber auch die Grenzen des Einsatzes der Computertechnik sichtbar gemacht haben. Vieles, z. B. was die wissenschaftliche Durchdringung des Einsatzfeldes dieser Technik in der gerichtlichen und notariellen Tätigkeit in der Perspektive angeht, bleibt noch zu tun.

Anmerkungen

1 Grundorientierung zum Aufbau und Einsatz rechnergestützter Arbeitsplätze in der gerichtlichen und notariellen Tätigkeit vom August 1984 (nicht veröffentlicht).

Harri Harrland

Staatsanwaltschaftliche Aufsicht und moderne Rechentechnik

Es gibt kaum ein Gebiet staatsanwaltschaftlichen Wirkens, für das die Nutzung der modernen Rechentechnik nicht ein Gewinn wäre, im Gegenteil, meistens wird sogar ein erheblicher Gewinn erreichbar sein. Die Möglichkeiten dafür sind nahezu unerschöpflich. Sie reichen von der erforderlichen Effektivierung des Strafverfahrens – insbesondere in der Einheit von Ermittlungs-, Gerichts- und Rechtsmittelverfahren – über die Realisierung vielfältiger Analyseerfordernisse, über die Automatisierung der Schreibtechnik bis hin zu den Aufgaben der Kaderarbeit, der Verwaltungsorganisation, der materiellen und finanziellen Gewährleistung der staatsanwaltschaftlichen Aufsicht.

Es gibt langjährige Erfahrungen aus der rechnergestützten Realisierung der einheitlichen Kriminalstatistik der DDR und (allerdings noch nicht total) des Strafregisters über zentralisierte Großrechenanlagen in Kooperation mit Partnern im Bereich der Justiz- und Sicherheitsorgane.

Es gibt erste Erfahrungen und noch laufende Erprobungen mit der Anwendung dezentraler Rechentechnik. Sie betreffen die rechnergestützte Leitung des einzelnen Ermittlungsverfahrens im Zusammenhang mit der Aufbereitung und Würdigung umfangreichen, schwer zu übersehenden und zuzuordnenden Beweismaterials ebenso wie die Speicherung wichtiger Erkenntnisse über das Zustandekommen schwerer Straftaten zum Nachteil sozialistischen Eigentums, die insbesondere dazu dient, zentrale Organe des Ministerrates zur Wahrnehmung ihrer Verantwortung zur Vorbeugung von Straftaten und anderen Rechtsverletzungen anzuhalten.

Angesichts des breiten Spektrums der Einsatzmöglichkeiten moderner Rechentechnik in der Staatsanwaltschaft einerseits und der nur schrittweise möglichen Schaffung der materiell-technischen sowie personellen Voraussetzungen im Organ andererseits ist eine wohlüberlegte perspektivische Einsatzkonzeption von entscheidender Bedeutung. Im Ergebnis der Prüfung, welche Haupteinsatzrichtungen für die dezentrale Rechentechnik in Betracht zu ziehen sind, spielte die Befriedigung der vielfältigen Informationsbedürfnisse über Resultate und Erfordernisse der Bekämpfung und Vorbeugung von Straftaten und anderen Rechtsverletzungen die entscheidende Rolle.

Die Anforderungen an die Beschaffung, Speicherung und Verwertung diesbezüglicher Informationen wachsen ständig. Je mehr der demokratische Prozeß, in dem der Verfassungsgrundsatz, daß die Bekämpfung und Verhütung von Straftaten und anderen Rechtsverletzungen gemeinsames Anliegen der sozialistischen Gesellschaft, ihres Staates und aller Bürger ist, im Leben ausgeprägt wird, um so schneller wachsen die Ansprüche an Gewinnung und Verarbeitung der erforderlichen Informationen im Leitungsprozeß. Das gilt besonders für die Befriedigung der Informationsbedürfnisse im Rahmen der Zusammenarbeit der Staatsanwaltschaft mit den Volksvertretungen und ihren Organen, den staatlichen und gesellschaftlichen Kontrollorganen, den anderen Staatsorganen, den gesellschaftlichen Organisationen und den Ausschüssen der Nationalen Front.

Besonders auf der örtlichen Ebene, vor allem bei den Staatsanwälten der Kreise, ist mit den herkömmlichen Registrier-, Kartei- und anderen Hilfsmitteln die Leistungsgrenze für die Informationsgewinnung, -speicherung und -verarbeitung längst erreicht. Auch im Rahmen der zentralisierten Kriminalstatistik ist der örtliche Informationsbedarf nicht voll abzudecken. Im Kreis geht es insbesondere um konkretere Kenntnisse darüber, wie der Zustand der Gesetzlichkeit, von Ordnung, Sicherheit und Disziplin in den einzelnen Städten, Stadtbezirken, Gemeinden, Gemeindeverbänden, Betrieben, Kombinaten, Einrichtungen, Genossenschaften usw. zu beurteilen ist. Um diese und andere Bedürfnisse abzudecken, sind vor allem die Informationsstellen der Staatsanwälte der Kreise und Städte mit Kleincomputern auszurüsten. Auf diese Weise wird zugleich für die gesamte Geschäftsstellen- und Verwaltungsarbeit ein bedeutender Rationalisierungseffekt erreicht – verbunden mit der weiteren Verbesserung und Kultivierung der Arbeits- und Lebensbedingungen. Dazu wird planmäßig, auf lange Sicht und schrittweise vorgegangen – mit Vorrang für die großen Kreise und Städte. Dabei wird im Auge behalten, zu gegebener Zeit den Verbund mit Großrechneranlagen herzustellen. Es steht nicht im Belieben der Staatsanwaltschaft, ob sie sich zur Bewältigung ihrer Informationsprozesse der dezentralen Rechentechnik bedient oder nicht. Sie muß es tun, wenn sie ihren gesetzlichen Informationspflichten in qualitativer und quantitativer Hinsicht künftig gerecht werden will. Das schließt die Schaffung der erforderlichen Software ein.

Daß die dezentrale Rechentechnik, wenn es erforderlich ist, zugleich als elektronisches Schreibsystem verwendet wird, versteht sich von selbst, ist für absehbare Zeit aber nicht die Hauptrichtung ihrer Nutzung in der Staatsanwaltschaft, „Platzangst“ gibt es in den Dienststellen nicht; jeder weiß, daß auch künftig alle gebraucht werden. Gegenwärtig äußerst sich eher Ungeduld, insbesondere in der Weise, daß vielfach angeregt, ja gefordert wird, alsbald mit den notwendigen Ausbildungs- und Qualifizierungsmaßnahmen zu beginnen. Auch hier ist aber Planmäßigkeit auf lange Sicht am Platze und schrittweise in der Reihenfolge der örtlich konkreten Einsatzvorbereitung vorzugehen. Bisherige Erfahrungen besagen zudem, daß es nicht vorteilhaft ist, wenn zwischen der Ausbildung am Personalcomputer und der anschließenden praktischen Bedienung desselben (und mithin weiterer Übung) allzuviel Zeit verstreicht. Am günstigsten ist es, wenn Ausbildung und weitere Arbeit am Gerät ohne längere Unterbrechung aufeinander folgen.

Noch ein paar Sätze zum viel diskutierten rechnergestützten Rechtsinformationssystem:

Es sind gewiß vielerlei dezentrale Lösungen machbar und sicher in nächster Zeit auch nur möglich. Pilotprojekte, wie etwa zum Arbeitsrecht, sind außerordentlich verdienstvoll. Gleichwohl ist es notwendig, frühzeitig ein in der Zukunft mögliches zentralisiertes, einheitliches Rechtsinformationssystem ins Auge zu fassen, welches den Vorzügen und Erfordernissen des Sozialismus sowie den demographischen und territorialen Gegebenheiten unseres Landes im besten entsprechen würde.

Damit sind vielfältige Probleme praktischer und theoretischer Natur der Klärung anheimgegeben. Es beginnt schon mit dem Gegenstand oder den Gegenständen. Sollte es nur die „reinen“ Justiz-Rechtsvorschriften umfassen? Für die Staatsanwaltschaft wäre das schon heute unbefriedigend, weil die Funktion der allgemeinen Gesetzlichkeit sich in breitem Maße auf verwaltungsrechtliche Entscheidungen und Maßnahmen erstreckt. Übrigens wird dies zunehmend auch für die Gerichte zu gelten haben. Wenn die Garantien der Rechtssicherheit unter anderem – und damit ist zu rechnen – weiter dahin entwickelt werden, daß Entscheidungen von Verwaltungsorganen durch Gerichtsverfahren nachprüfbar werden, kann und darf dies für eine künftige zentralisierte Rechtsinformation nicht ohne Folgen sein. Es sind folglich entsprechende strategische Entscheidungen im Landesmaßstab vorzubereiten – im Zusammenwirken von Praxis und Wissenschaft.

Andere Fragen der Rechtssicherheit und Rechtskultur gewinnen ebenfalls an Gewicht. Das gilt zum Beispiel für die Arbeit mit den Gesetzen und anderen Rechtsvorschriften der DDR. Automatisierte Rechtsinformationssysteme verführen schließlich dazu, dem Studium der ursprünglichen Rechtsnormen, entsprechend ihrer Veröffentlichung im Gesetzblatt nicht mehr das erforderliche Gewicht beizumessen.

Jedenfalls sollte beizeiten in das Blickfeld gerückt werden, daß die Entwicklung einer wirksamen Rechtsinformation nicht ohne zentrale Steuerung auskommen kann.

Günter Kapelle/Eberhard Pech

Zur rechnergestützten Analyse juristischer Dokumente

Aus der sozialistischen Rechtspraxis geht ständig eine Vielzahl verschiedenster Dokumente hervor, die sprachlich fixierter Ausdruck gesellschaftlicher Gegebenheiten, darunter insbesondere von Rechtsverhältnissen sind. Juristische Dokumente sind alle Materialien, die aus dem Rechtsbildungs- und Rechtsanwendungsprozeß resultieren und in Textform vorliegen, also Gesetze, Verfügungen, Verordnungen, Richtlinien, Entscheidungen und Beschlüsse von Gerichten sowie Zivilrechts- oder Wirtschaftsverträge u. ä. Diese Dokumente waren schon immer Gegenstand der rechtswissenschaftlichen Forschung, da sie eine wesentliche Quelle der für die wissenschaftliche Untersuchung des gesamten Regelungsprozesses notwendigen Informationen sind. Von daher ist die Analyse dieser Dokumente (mitunter auch als Inhaltsanalyse bezeichnet) eine der prädesteniertesten Methoden der empirischen Forschung in der Rechtswissenschaft.[1] Dabei kann sie andere Forschungsmethoden nicht ersetzen (wie z. B. die Befragung bei Untersuchungen zum Problem des Rechtsbewußtseins).[2] Wegen der großen wissenschaftlichen Bedeutung der juristischen Dokumente und ihrer effektiven Verwertung für die Rechtswissenschaft kommt es unseres Erachtens künftig darauf an, die Dokumente nicht nach spontan entwickelten Verfahrensweisen auszuwerten, sondern die Analyse den in der empirischen Sozialforschung allgemein gültigen methodologischen Prinzipien zu unterwerfen, um ein Höchstmaß an Aussagekraft unter effektivstem Einsatz von Kapazitäten und Zeit zu gewährleisten.

Die Ausarbeitung einer speziellen Methodik der Analyse juristischer Dokumente, die allen Besonderheiten des Gegenstandes Rechnung trägt, ordnet sich ein in die noch immer ausstehende Entwicklung einer einheitlichen Methodologie der Staats- und Rechtswissenschaft, die auch die Mittel zur Realisierung der ständig geforderten Einheit von Theorie und Empirie einschließt. Die zielgerichtete Anwendung, d. h. die methodisch sauber durchgeführte Dokumentenanalyse, ist im Zusammenspiel mit anderen Forschungsmethoden als eines jener Mittel zur Erhöhung der *theoretischen* Aussagekraft rechts- und staatswissenschaftlicher Forschungsergebnisse zu betrachten. Dies ist insbesondere dadurch begründet, daß die leider immer noch verbreitete Methode der Illustration von „theoretischen" Argumenten durch einzelne Beispiele, also die Eliminierung der Gesamtheit der Fakten – d. h. letzlich der gesellschaftlichen Wirklichkeit – zugunsten mehr oder minder subjektivistisch ausgewählter Einzelfälle durch eine präzise, objektive und umfassende empirische Basis ersetzt wird. In seiner Arbeit „Statistik und Soziologie" hat sich Lenin gerade mit dieser Problematik auseinandergesetzt und kritisch dazu vermerkt: „Auf dem Gebiet der gesellschaftlichen Erscheinungen gibt es ein außerordentlich verbreitetes und ebenso fehlerhaftes Verfahren, nämlich das Herausgreifen *einzelner* Tatsachen und das Jonglieren mit Beispielen ... Tatsachen sind, nimmt man sie in ihrer *Gesamtheit*, in ihrem *Zusammenhang*, nicht nur ‚hartnäckige', sondern auch unbedingt beweiskräftige Dinge. Nimmt man aber einzelne Tatsachen, losgelöst vom Ganzen aus ihrem Zusammenhang, sind die Daten lückenhaft, sind sie willkürlich herausgegriffen, dann ist das eben nur ein Jonglieren mit Daten oder etwas noch Schlimmeres ... Man muß versuchen, aus exakten und unbestreitbaren Tatsachen ein Fundament zu errichten, auf das man sich stützen kann und mit dem man jede der ‚allgemeinen' oder ‚auf Beispielen fußenden' Betrachtungen konfrontieren kann, mit denen heutzutage in einigen Ländern so maßlos Mißbrauch getrieben wird. Damit es wirklich ein Fundament wird, kommt es darauf an, nicht einzelne Tatsachen herauszugreifen, sondern den *Gesamtkomplex* der auf die betreffende Frage bezüglichen Tatsachen zu betrachten, *ohne eine einzige* Ausnahme, denn sonst taucht der Verdacht, und zwar der völlig berechtigte Verdacht, auf, daß die Tatsachen willkürlich ausgewählt oder zusammengestellt sind, daß nicht der objektive Zusammenhang und die objektive wechselseitige Abhängigkeit der historischen Erscheinungen in ihrer Gesamtheit dargestellt werden, sondern, daß es sich um ein ‚subjektives' Machwerk zur Rechtfertigung einer vielleicht schmutzigen Sache handelt. Das kommt vor ... und häufiger, als man denkt."[3] Diese Aussagen Lenins sind unseres Erachtens neben der heftigen Kritik an den „Illustratoren" in der Gesellschaftswissenschaft vor allem deshalb so bemerkenswert, weil er sich damit zu einer Kernidee der modernen empirischen Sozialforschung, nämlich dem Streben nach der möglichst systematischen und vollständigen Aneignung gesellschaftlicher Realität in Form von Daten (Informationen) über das betreffende Problemfeld, zu einem Zeitpunkt äußerte, in der sich die zu diesem Zwecke benötigten Methoden erst zu entwickeln begannen – so auch später in der Sowjetunion, von den späteren Möglichkeiten der EDV ganz zu schweigen. Auch wenn wir bei der Frage, was die Gründe für den Einsatz der Illustrationsmethode sind, nicht unbedingt so weit gehen wollen, wie es Lenin 1917 hinsichtlich der „Rechtfertigung" von vielleicht „schmutzigen Sachen" getan hat, sondern eher schlichte Unkenntnis vermuten, muß man auf mögliche, wenn nicht wahrscheinliche Qualitätsverluste bei wissenshaftlichen Aussagen ohne *hinreichende* Einbeziehung von Informationen aus der gesellschaftlichen Wirklichkeit hinweisen. Zugespitzt kann man formulieren: Das Maß an wissenschaftlicher Güte theoretischer Aussagen, die von ihrem Gegenstand bzw. Objekt her der Konfrontation mit der Empirie bedürfen, also insbesondere dann, wenn bestimmte empirisch konstatierbare Zustandsweisen der gesellschaftlichen Realität *behauptet* werden, hängt wesentlich auch von der Qualität des Einsatzes von Forschungsmethoden zur Schaffung eben dieser empirischen Basis der Theorie ab. Dabei ist unter Qualität des Methodeneinsatzes zu verstehen: 1. Ein theoretisches Problem wird so entwickelt, daß es mit der Empirie konfrontiert werden kann; 2. die eingesetzten Methoden sind dem Problem inhaltlich adäquat, können also Informationen zur Problemlösung liefern und 3. die Methodik der Datenerhebung und -auswertung selbst entspricht weitgehend den gültigen methodologischen Prinzipien.[4]

Im Unterschied zu anderen Erhebungsmethoden ist die Dokumentenanalyse eine reine Ex-post-facto-Analyse von Verhaltens*produkten*, d. h. von in der Vergangenheit Geschehenem, mittels derer auf Bedingungen und Verhältnisse geschlossen werden kann, aus denen Gegenwärtiges genetisch hervorgegangen ist. In diesem Sinne ist die Dokumentenanalyse eine echte historisch-logische Methode, die gerade auch auf dem Felde der Analyse des Wirkens von rechtlichen Regelungen in der Zeit Anwendungsmöglichkeiten bietet[5], aber auch für rechtshistorische Untersuchungen im engeren Sinne von Bedeutung ist, wie die Dokumentenanalyse eine der wichtigsten Forschungsmethoden in der Geschichtswissenschaft überhaupt ist. Darüber hinaus bietet sich die Dokumentenanalyse auch auf dem Gebiet der Rechtsvergleichung an. So schlägt beispielsweise J. Limbach vor, Scheidungsurteile aus der DDR und der BRD mittels einer sozialwissenschaftlichen Inhaltsanalyse daraufhin zu untersuchen und zu vergleichen, wie sich die jeweiligen gesellschaftlichen Verhältnisse auf die rechtliche und soziale Folgeproblematik von Ehescheidungen (Vermögensteilung, soziale Stellung der Frau nach der Scheidung, Gründe für die Übertragung des Erziehungsrechtes etc.) auswirken.[6] Praktisch ergeben sich also auf nahezu allen Feldern der staats- und rechtswissenschaften Forschung Anwendungsmöglichkeiten für die systematische Dokumentenanalyse, die jedoch stärker genutzt werden könnte.[7]

Bei näherer Betrachtung der bei der Dokumentenanalyse anzuwendenden Methodik muß zunächst zwischen quantitativer Analyse manifester (d.h. direkt beobachtbarer) Merkmale im Text und der echten Inhaltsanalyse unterschieden werden, die eher qualitativ orientiert ist und auf die Aufdeckung von meist komplexeren sozialen Erscheinungen außerhalb der untersuchten Texte zielt (latente Merkmale), wie z. B. Norm- und Wertbewußtsein von Richtern und Schöffen.[8] Im letzteren Falle werden bestimmte Textbausteine zu Indikatoren für soziale Erscheinungen (Indikatum), die nur über die Relation Indikator – Indikatum unmittelbar beobachtbar sind. Der inhaltlichen Ableitung von Indikatoren folgt eine Umwandlung der natürlichen Sprache – insofern man bei der juristischen Fachterminologie davon sprechen kann – in eine Begriffs- oder Merkmalssprache, wobei die relevanten Textbestandteile in Symbole verschlüsselt werden. „Aufgabe der Inhaltsanalyse ist es nun, den Code zu entschlüsseln, um so aus der Struktur der verschlüsselten Texte Aufschluß über die Struktur des Ursprungs (source) (d. h. der sozialen Bedingungen der „Produktion" der Textes – E. P.) zu gewinnen."[9]

Der Einsatz der Inhaltsanalyse setzt ein entwickeltes Methodenverständnis beim Anwender voraus, von dem gegenwärtig angesichts der damit verbundenen äußerst komplizierten Anforderungen in der staats- und rechtswissenschaftlichen Forschung, aber auch in anderen Wissenschaftsdisziplinen noch nicht ausgegangen werden kann. Eine Möglichkeit, um Interesse für die Anwendung empirischer Forschungsmethoden zu wecken, sehen wir in der Darstellung der Einsatzbedingungen der *quantitativen* Analyse manifester Merkmale. Sie hat im Bereich Rechtstheorie des Instituts für Theorie des Staates und des Rechts der Akademie der Wissenschaften der DDR in den vergangenen Jahren schon mehrmals mit Erfolg Anwendung gefunden, um die rechtstheoretische Forschung weiter zu qualifizieren.[10]

Die Methodik der quantitativen Dokumentenanalyse kommt den Besonderheiten der juristischen Dokumente sehr entgegen, insofern diese in der Regel *prozeßproduziert* sind (bei Gerichtsentscheidungen sogar im doppelten Sinne), d. h. nach bestimmten Algorithmen entstehen, einen hohen Formalisierungsgrad aufweisen und deshalb in der jeweiligen Art gerichtliche Entscheidungen, Verträge usw. annähernd die gleiche inhaltliche Struktur aufweisen, was die Merkmalsfeststellung sehr erleichert. Solche manifesten Merkmale in juristischen Dokumenten sind z. B. Art des Gerichts (Kreisgericht, Bezirksgericht, Oberstes Gericht), Art der Entscheidung (1. Instanz, Berufungsinstanz, Kassation) oder charakterisierende Merkmale von Vertragspartnern, Vertragsinhalten usw. Diese Angaben sind praktisch in allen Dokumenten einer Klasse enthalten und unmittelbar feststellbar. Ein Rückgriff auf zusätzliche Indikatoren ist deshalb nicht nötig. Darüber hinaus können diese Merkmale aber selbst die Funktion von Indikatoren erhalten, wenn z. B. die festgestellte Häufigkeit von bestimmten Rechtsvorschriften zur Begründung von Urteilen bzw. deren Assoziation Rückschlüsse auf eine bestimmte Rechtsanwendungspraxis erlauben.

Ein grundlegendes methodisches Problem der Analyse juristischer Dokumente ist das der Auswahl. Dabei wird das Ziel verfolgt, dem inhaltlichen Problem Rechnung zu tragen und zwar in bezug auf den Entstehungszeitraum der Dokumente aber vor allem hinsichtlich der realen Gesamtheit vorhandener Einzelstücke, um ein möglichst getreues

Abbild aller relevanten Dokumente zu erhalten, also über die Analyse einer repräsentativen Stichprobe auf die Grundgesamtheit schließen zu können. Eine Gesamterhebung dürfte bei juristischen Dokumenten in der Regel aus praktischen Gründen nicht möglich sein, ist aber wegen der gegebenen Möglichkeiten zur Bildung repräsentativer Stichproben auch nicht erforderlich. Aber auch wenn solche relativ kleine Stichproben gewonnen werden können, produziert die Analyse jedoch eine Vielzahl einzelner Daten, die zweckmäßigerweise der mathematisch-statistischen Auswertung durch moderne Rechentechnik unterzogen werden, da anderweitig die innere Struktur der Daten und der Beziehungen zwischen ihnen kaum überschaubar sein dürfte.

Für die quantitative Dokumentenanalyse ergibt sich also eine enge Beziehung zwischen Erhebungs- und Auswertungsmethodik, die stark von den Möglichkeiten der eingesetzten Hard- und Software bestimmt wird.

Im folgenden soll an einem Beispiel das praktische Vorgehen bei der Dokumentenanalyse näher erläutert werden: Ausgangspunkt der durchgeführten Untersuchung war die inhaltliche Problemstellung, Beziehungen zwischen Verfahrensrecht und materiellem Recht sowie die Weiterentwicklung von rechtlichen Regelungen im Prozeß der gerichtlichen Rechtsanwendung festzustellen.[11] Zu diesem Zweck wurden Gerichtsentscheidungen in ihrer Textform als Untersuchungseinheiten bestimmt. Um die Untersuchung in einem angemessenen Zeitraum durchführen zu können, wurde dabei zunächst auf veröffentlichte Entscheidungen zurückgegriffen. (Zum weiteren Vorgehen müßten auch nichtveröffentlichte Entscheidungen analysiert werden, um die Auswahlkriterien für die Veröffentlichung als „unerwünschten" Einflußfaktor auszuschließen).

Gegenstand der Untersuchung waren ca. 2 500 in der „Neuen Justiz" veröffentlichte gerichtliche Entscheidungen auf dem Gebiet des Zivil-, Familien-, Arbeits- und Strafrechts aus den Jahren 1961 bis 1986, wobei sich die Zahl jedoch durch den Einsatz geeigneter Stichprobenverfahren weiter reduzieren ließe. Im Rahmen der Erhebungsmethodik wurden diese in inhaltlich relevante Einzelinformationen (Merkmale) zerlegt und als Variable definiert, für die auch die möglichen Merkmalsausprägungen festzulegen waren. Entsprechend der festgelegten numerischen Codierungsvorschrift wurden danach die in den Texten identifizierten Einzelinformationen in statistisch auswertbare Daten übertragen und auf Datenerfassungsbelegen oder direkt auf Disketten abgespeichert.

Im folgenden sollen Arbeitsabschnitte beim *Aufbau der Datenbank* veranschaulicht werden, die auch Rückschlüsse auf die Erhebungsmethodik zulassen:

Ausgehend von den Auswertungszielen wird ein Datenstrukturmodell entworfen, in dem je eine Entscheidung einem Fall entspricht. Die für die Analyse von Paragraphenassoziationen notwendige Datei kann softwareseitig hergestellt werden. Technisch wird arbeitsplatznahe Rechentechnik für die Datenerfassung und Datenedition benutzt. Das Datenmanagement und die Auswertung kann auf ESER-Großrechnern realisiert werden. Die Datenanalyse wird unter TSO interaktiv oder mittels Datentransfer über Disketten im Batch-Modus erledigt. Die Vorbereitung der Auswertejobs erfolgt auf Personalcomputern. Als PC werden 8-Bit-Rechner PC 1715 und als Großrechner werden ES 1055 von ROBOTRON benutzt.

Die Datenbank kann nach vorgefundenen Entscheidungen (ca. 2 500) oder Paragraphenzitaten strukturiert werden. Sie hat einen Umfang von etwa 10 Megabyte.

Als zu Beginn der Arbeiten am Projekt „Entscheidungsanalyse" deutlich wurde, daß zumindest schon wegen des zu erwartenden Datenumfanges von ca. 2 500 Entscheidungen der Einsatz der elektronischen Datenverarbeitung sinnvoll wäre, war eine Entscheidung über die anzuwendende Software zu fällen. Das vorliegende Datenmaterial war

Der technologische Ablauf der Projektbearbeitung hat folgende Struktur:

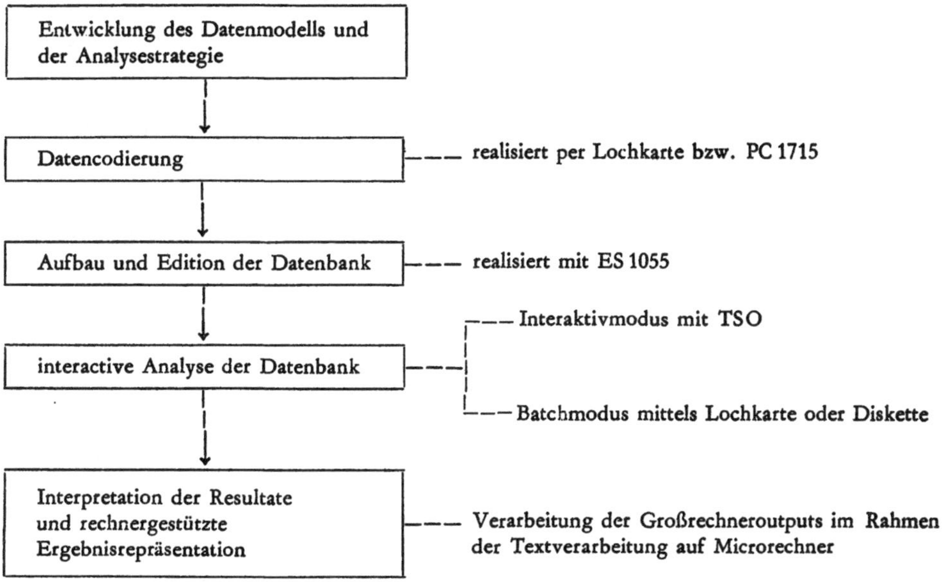

zwar mittels numerischer Verschlüsselung in gewisser Weise „paßfähig" zu universeller integrierter statistischer Analysesoftware gestaltbar, aber die Darstellung der Datei als Rechteckstruktur war primär nicht gegeben. Spezialsoftware für die Analyse von Dokumenten dieser Art war ebenfalls nicht vorhanden und die Entwicklung neuer Programme kam allein aus Zeitgründen nicht in Betracht.

Der Aufbau der Datenbank wurde deshalb wie folgt vorgenommen: Ein erster Schritt bestand darin, aus dem Informationspotential, bestehend aus veröffentlichten gerichtlichen Entscheidungen, die relevante Information (manifeste Merkmale) zu entnehmen. Folgendes Beispiel soll dieses Vorgehen veranschaulichen, wobei die Unterstreichung die manifesten Merkmale als relevante Information kennzeichnen:

„1. Voraussetzung einer gerichtlichen Vollstreckungsmaßnahme ist, daß eine solche Entscheidung, Einigung oder Urkunde i. S. des *§ 88 ZPO* vorliegt, die eine vollstreckbare Verpflichtung des Schuldners enthält.

2. Ein Urteilsspruch, der einem Schuldner die Verpflichtung auferlegt, ‚jegliche Beeinträchtigung der Rechte des Gläubigers zu unterlassen', ist dann nicht vollstreckungsfähig, wenn selbst unter zulässiger Auslegung anhand der Urteilsgründe keine eindeutige Verpflichtung erkennbar ist.

OG, Urteil vom 24. August 1982 – 2 *OZK* 19/82.

Durch das Urteil des Kreisgerichts wurde die Schuldnerin verurteilt, jegliche Beeinträchtigung der Rechte der Gläubiger zu unterlassen. Für den Fall der Zuwiderhandlung wurde ein Zwangsgeld von 50,– M angedroht.

Auf Antrag der Gläubiger wurde der Schuldnerin vom Kreisgericht ein Zwangsgeld von 50,– Mark auferlegt, weil sie nachts ruhestörenden Lärm verursacht und damit die ihr gerichtlich auferlegten Pflichten verletzt habe.

Die gegen diesen Beschluß gerichtete *Beschwerde* der Schuldnerin hat das Bezirksgericht also offensichtlich unbegründet abgewiesen.

Gegen diesen Beschluß richtet sich der *Kassations*antrag des Präsidenten des Obersten Gerichts, *der Erfolg hatte.*

Aus der Begründung:
Voraussetzung gerichtlicher Vollstreckungsmaßnahmen ist, daß eine solche Entscheidung, Einigung oder Urkunde i. S. des *§ 88 ZPO* vorliegt, die eine vollstreckbare Verpflichtung des Schuldners (*§ 86 Abs. 1* ZPO) enthält *(vgl. OG, Urteil vom 22. November 1977 – 2 OZK 54/77).*
Der Urteilsspruch des Kreisgerichts hat, soweit er der Schuldnerin die Verpflichtung auferlegt, ‚jegliche Beeinträchtigung der Rechte' der Gläubiger zu unterlassen, keinen vollstreckungsfähigen Inhalt. Ein Vollstreckungsurteil muß eindeutig und verständlich sein, so daß sich aus ihm klare Pflichten ableiten lassen und keine Zweifel bezüglich des Vollstreckungsgegenstandes entstehen *(vgl. Zivilprozeß, Lehrbuch, Berlin 1980, S. 438).*
Selbst durch einen im Rahmen des Vollstreckungsverfahrens u. U. zulässige Auslegung anhand der Urteilsgründe kann dem Urteil des Kreisgerichts nicht der Inhalt gegeben werden, daß die Schuldnerin zur Unterlassung ruhestörenden Lärms verpflichtet wurde, weil der Urteilsspruch insoweit nicht begründet wurde. Der Beschluß des Kreisgerichts beruht somit auf einer *fehlerhaften Anwendung des § 130 Abs. 3 ZPO.* Daher hätte das Bezirksgericht der Beschwerde stattgeben müssen."[12]

Jeder identifizierbare Datensatz enthält die wesentlichen Angaben, die eine Entscheidung charakterisieren: Angaben zur Fundstelle einer Entscheidung, ihre juristische Identifikation sowie eine Auflistung der vorgefundenen Paragraphen aus dem Rechtssatz bzw. den Begründungen. Die Forderung, die Paragraphenfunde aus dem Rechtssatz bzw. den Begründungen je Fund als Realisationen je eines Merkmals und nicht, wie für die Statistiksysteme charakteristisch, als Realisationen wohlunterscheidbarer Merkmale aufzufassen, verhindert die unmittelbare Anwendung eines gängigen universellen Statistiksystems. Die inhaltliche Auswertung der Daten zielt aber in zwei Richtungen: Zum ersten sollen die Merkmale, die eine Identifikation der Entscheidung ermöglichen, descriptiv analysiert werden. Zum zweiten wird angestrebt, die Häufigkeit von gleichzeitigen Anwendungen ausgewählter Paragraphen aus dem Rechtssatz bzw. den Begründungen zu ermitteln.

Diese inhaltlichen Forderungen ermöglichen die Ableitung von zwei Dateistrukturen, die jeweils eine Rechteckstruktur besitzen und somit mittels eines Statistiksystems bearbeitet und verwaltet werden können. Entsprechend den inhaltlichen Vorstellungen werden diese beiden Dateien als Entscheidungs- bzw. Paragraphendatei bezeichnet. Für die Datentechnologie ist wichtig, daß die Entscheidungsdatei primär eingegeben und die Paragraphendatei durch Datenmanagementfunktionen abgeleitet werden kann. Diese Eigenschaft ermöglicht eine effektive Datenerfassung und die weitgehende Nutzung der Vorteile eines integrierten Statistiksystems, d. h. die aufeinander abgestimmte Auswahl von Datenmanagementfunktionen und statistischen Analyseprozeduren. Das Datenmaterial besitzt folgende formale Struktur in jedem Datensatz:

Identifikations-merkmale der Entscheidung	Paragraphen aus dem Rechtssatz	Paragraphen aus der Begründung

Ohne Rücksicht auf die inhaltliche Bedeutung werden die Identifikationsmerkmale sowie die Paragraphenzitate als Merkmale je einer Entscheidung aufgefaßt. Das ist die Voraussetzung dafür, daß eine rechteckige Datenstruktur entworfen werden kann.
Die primär vorzufindenen Informationen werden drei Merkmalsgruppen zugeordnet:
1. Merkmale zur Beschreibung der Fundstelle einer Entscheidung
   v 1 = Fundstelle
   v 2 = Erscheinungsjahr

v 3 = Seite
v 4 = Nummer der Entscheidung auf angegebener Seite
v 5 = Anzahl der Paragraphenzitate je Entscheidung

2. Merkmale zur Charakterisierung einer Entscheidung
v 6 = Signatur der Entscheidung
v 7 = Rechtszweig
v 8 = Entscheidungsart
v 9 = Entscheidungsweise
v 10 = Bezugnahme auf Entscheidungen staatlicher Organe
v 11 = Bewertung der Rechtsanwendung

3. Funde von Rechtsvorschriftszitaten
v 12 = Herkunft der Rechtsvorschriften (aus Rechtssatz oder Begründung)
v 13 = Rechtsvorschriften
v 14 = Paragraph
v 15 = Absatz
v 16 = Ziffer
v 17 = Satz
v 18 = Paragraph einzeln
v 19 = Bezugnahme auf Gutachten[13]
Die Merkmale v 13 bis v 18 treten je Datensatz in bis zu 6 Paragraphenzitaten auf, die als v 131, v 132 usw. bezeichnet werden.

Die Festlegung der Merkmale erlaubt die Definition einer rechteckigen Datenmatrix. In dieser Matrix entspricht je eine Zeile einer zitierten Entscheidung, jede Spalte beinhaltet genau eine entsprechende Angabe für das entsprechende Merkmal.
An dieser Stelle ist zu sagen, daß die Handhabung des oben erwähnten Analyseprogrammes vermittels einer Steuersprache erfolgt, deren Vokabular aus möglichst gut verständlichen englischen Worten besteht. Die Beschreibung der Dateneingabe und der Entwicklung der für die quantitativ erforderliche Struktur erfolgt anhand der ausgearbeiteten Steuerprogramme. Die Darstellung der Steuerung erfolgt in der Reihenfolge ihrer tatsächlichen Abfolge.[14]

Auf der Basis der so gestalteten Datenbank und geeigneter Statistik-Software (in unserem Falle das Paket SAS) ist es möglich, die inhaltlich wichtigen Informationen zu erhalten. Die einfachste Form der Darstellung ist die Liste der einfachen und relativen (prozentualen Anteile) Häufigkeiten für alle Merkmale und ihre einzelnen Stufen (Merkmalsausprägungen).
Um unterschiedliche Häufigkeitsdaten vergleichen und inhaltlich bewerten zu können, ist es notwendig, diese in Kontingenztafeln abzubilden:

Die allgemeine Struktur einer 2 × 2 Tafel (d. h. die Tafel enthält 2 Merkmale mit je 2 alternativen Ausprägungen:

Die Merkmale A und X bilden die Matrix:

	X_1	X_2	
A_1	a_{11}	a_{12}	Z_1
A_2	a_{21}	a_{22}	Z_2
	S_1	S_2	N

hierbei gilt

$$a_{11} + a_{12} = Z_1$$
$$a_{21} + a_{22} = Z_2$$
$$a_{11} + a_{21} = S_1$$
$$a_{12} + a_{22} = S_2$$
$$S_1 + S_2 = N$$
$$Z_1 + Z_2 = N$$

Die Werte von $a_{i;j}$ können sowohl absolut als auch relativ (in %) eingegeben sein.[15]

Auf der Grundlage solcher Tafeln lassen sich Aussagen über statistische Abhängigkeiten zwischen den einzelnen Merkmalen treffen, die für die inhaltliche Interpretation von größter Bedeutung sind. In diesem Beitrag sollte der Schwerpunkt auf der Problematik der Erhebung der Daten und Schaffung einer der inhaltlichen Fragestellung adäquaten Datenbank als notwendiger Voraussetzungen der eigentlichen statistischen Analyse liegen. Deshalb sei dieser Problemkreis der empirischen Forschung, der nicht mehr spezifisch für die Dokumentenanalyse ist, sondern alle Daten unabhängig von der Erhebungsmethodik angeht, hier nur kurz angerissen.

Anmerkungen

1 In analoger Weise gilt dies für die empirische Forschung in der Staatstheorie, insofern in der *Staatspraxis* ebenfalls eine Vielzahl von Dokumenten „produziert" wird.

2 Ebenso wäre es verfehlt, bei Anwendung der Dokumentenanalyse zur Beibringung der notwendigen empirischen Informationen automatisch von rechtssoziologischer Forschung zu sprechen, wie das gelegentlich geschieht, da sich das Attribut „soziologisch" nicht auf quantitative/empirische Vorgehensweisen reduzieren läßt, sondern auf die *theoretische* Aneignung sozialer Beziehungen und Verhältnisse zielt.

3 W. I. Lenin, Statistik und Soziologie, LW, Bd. 23, S. 285 f.

4 Zu den allgemeinen methodologisch-wissenschaftstheoretischen Grundlagen der empirischen Forschung vgl. z. B L. Sprung/H. Sprung, Grundlagen der Methodologie und Methodik der Psychologie, Bln. 1984, S. 36 ff.

5 Vgl. K. A. Mollnau, in: Zur Wirksamkeit und Effektivität des sozialistischen Rechts, Abhandlung der Akademie der Wissenschaften der DDR W 1/1988, S. 17.

6 Vgl. J. Limbach, Die sozialwissenschaftliche Inhaltsanalyse richterlicher Entscheidungen, in: Juristische Arbeitsblätter, Bielefeld 1976, S. 333 ff.

7 Wir halten es deshalb für besonders hervorhebenswert, daß die Arbeit von A. Grandtke und K.-P Orth, Rechtssoziologische Untersuchungen zur Stabilität der Ehen in der DDR, in: Staat und Recht 1/1972) im Abschnitt „Dokumentenanalyse" des Handbuches „Der sozialwissenschaftliche Forschungsprozeß", Hrsg. W. Friedrich/G. Hennig, Bln. 1975, im Zusammenhang mit *methodischen* Fragestellungen Erwähnung findet (vgl. S. 530).

8 Vgl. Wörterbuch der marxistisch-leninistischen Soziologie, Berlin 1977; im Zusammenhang mit rechtssoziologischen Untersuchungen vgl. W. Röhl, Rechtssoziologie, Köln 1987, S. 111.

9 S. A. Silbermann, Systematische Inhaltsanalyse, in: R. König (Hrsg.), Handbuch der empirischen Sozialforschung, Bd. 4, Stuttgart 1974, S. 263.

10 Vgl. B. Richter, M. Niemann, E. Pech, Analyse der gerichtlichen Rechtsauskunftstätigkeit, Berlin 1986 (unveröff.).

11 Vgl. M. Niemann, B. Richter, Zum Verhältnis von materiellem und Verfahrensrecht – eine empirisch-theoretische Studie, in: Die Wechselwirkung zwischen verfahrens- und materiell-rechtlichen Regelungen als Effektivitätskomponente des sozialistischen Rechts, Materialien des VII. Berliner Rechtstheoretischen Symposiums, Hrsg. von K. A. Mollnau, Berlin 1988, Bd. 2, S. 48 ff.

12 Neue Justiz, Berlin 1983, S. 80.

13 Merkmalsausprägungen für Merkmale v 6 bis v 19, siehe Anhang.

VALUE V 6
1 = OG
2 = BG
3 = KG
4 = SCHIKO
5 = KOKO

VALUE V 7
1 = ZIVILRECHT
2 = FAMILIENRECHT
3 = ARBEITSRECHT
4 = PATENTRECHT
5 = LPG-RECHT
6 = NEUERERRECHT
7 = STRAFRECHT

VALUE V 8
1 = KASSATION ENTSCHEIDUNG
2 = KASSATION BEGRÜNDUNG
3 = KASSATION EINIGUNG
4 = BERUFUNG
5 = PROTEST
6 = BESCHWERDE
7 = WIEDERAUFNAHME
8 = ERSTE INSTANZ

VALUE V 9
1 = RÜCKVERWEISUNG
2 = SELBSTENTSCHEID
3 = SONSTIGE

VALUE V 10
0 = NEIN
1 = JA

VALUE V 11
0 = ERSTE INSTANZ
1 = UNRICHT ANWEND VRR
2 = UNRICHT ANWEND MR
3 = UNRICHT ANWEND VR
4 = KONKRET VERF REG
5 = MODIF MAT-RECHT
6 = BEST PROZESSRECHT
7 = BESTAET MAT RECHT

VALUE V 12
1 = RECHTSSATZ
2 = BEGRÜNDUNG

VALUE V 13
1 = VERFASSUNG
2 = BGB
3 = ZGB
4 = EGZGB
5 = GBA
6 = AGB
7 = EGAGB
8 = NEUERERVO
9 = PATENTGESETZ
10 = SONST MAT RECHT
11 = GVG-A
12 = GVG-N
13 = ZPO-A
14 = ZPO-N
15 = KKO-68
16 = KKO-83
17 = SCH-VO-A
18 = SHIC-VO-N
19 = NOTAR-VO
20 = VO IN NOTARIAT
21 = NOTAR-N
22 = AO STAATL NOTAR
23 = GRUNDSTVO
24 = DVO-ZPO
25 = OGR 18
26 = OGR 24
27 = OGRIK
28 = UNTERHALT-BL
29 = RICHTL SE IM SR
30 = SONST VF REGELN
31 = FGB
32 = FVO
33 = OGUT
34 = ANDERE OG-RICHTL
35 = STGB
36 = STPO
37 = LPG-GESETZ
38 = BEZUG LITERATUR
39 = URG
40 = AGO
41 = MSCHG 4
42 = STGB-ALT
43 = STPO-ALT
44 = EHE-VO
45 = STEG
46 = EHE-VO

VALUE V 18
0 = PARAGRAF EINZELN (genannt)
1 = PARAGRAF U. FOLGENDER genannt
2 = PARAGRAF FF

VALUE V 19
0 = NEIN
1 = JA

14 Zur vollständigen Darstellung des Datenbankmanagements und der statistischen Prozeduren, vgl. dazu G. Kapelle/E. Pech, Quantitative Analyse juristischer Dokumente, Bericht, Zentrum für gesellschaftswissenschaftliche Information der Akademie der Wissenschaften der DDR, 1988 (unveröff.).

15 Zum Problem des Vergleichs von Häufigkeiten und der Auswertung von Kontingenztafeln, vgl. dazu A. Ullmann, St. Wilsdorf, Bewertung und Vergleich, Berlin 1977, S. 166 ff.

Johannes Gladitz

Einige aktuelle Erfahrungen beim Einsatz von Arbeitsplatzcomputern in der soziologischen Forschung

Der Beitrag befaßt sich mit einigen verallgemeinerungsfähigen Erfahrungen und Problemen, die sich bei der Einführung der dezentralen Rechentechnik in der soziologischen Forschung ergeben haben.

1. Soziologie und Rechentechnik

Die modernen Informations- und Kommunikationstechnologien sind zunehmend auch für die soziologische Forschung relevant, und zwar im doppelten Sinne: Zum einen gibt es international eine Flut von soziologischen Untersuchungen, die sich mit den sozialen Konsequenzen des breiten Einsatzes dieser Technologien befassen. Zum anderen ist die Nutzung dieser Technologien für die Rationalisierung und Effektivierung der soziologischen Forschung selbst interessant.

Die Nutzung der elektronischen Rechentechnik ist für die Soziologie nicht neu. Schon immer haben sich Soziologen und Demographen der jeweils verfügbaren technischen Hilfsmittel bedient. Die Entwicklung der Rechentechnik wurde z. T. sogar durch diese Disziplin stimuliert. So wurde z. B. die Hollerithmaschine zur Unterstützung einer Volkszählung in den USA entwickelt. Diese Symbiose ergab sich aus dem Zwang der Massendatenverarbeitung. Seit Jahren nutzen wir die Großrechner der ESER-Generation in Verbindung mit leistungsstarken Statistikpaketen zur Analyse empirischer soziologischer Daten. In diesem Prozeß hat sich eine ressortmäßige Trennung von statistischer Datenanalyse und fachwissenschaftlicher Interpretation herausgebildet, die sicher durch die „Hemmschwelle Großrechner" begünstigt wurde, perspektivisch aber wieder überwunden werden muß. Eine Chance hierzu bieten die Möglichkeiten der dezentralen Datenverarbeitung an leistungsfähigen Mikrorechnern, die wesentlich unterstützt werden durch die Anwendung immer nutzerfreundlicherer, dialogorientierter Programmsysteme.

Die neue Qualität beim Einsatz der dezentralen Rechentechnik besteht darin, daß damit die „Ressource Rechenkapazität" direkt am Arbeitsplatz vorhanden ist. Mit dem Arbeitsplatz- oder Personalcomputer (PC) steht erstmals ein Instrument massenhaft zur Verfügung, das die intellektuellen Möglichkeiten des einzelnen wesentlich erweitert.

Während der Einsatz der Großrechentechnik in der soziologischen Forschung bisher im wesentlichen auf die Datenerfassung, Behandlung und Analyse beschränkt geblieben ist, ist die arbeitsplatzbezogene Rechentechnik faktisch zur Unterstützung aller Phasen der empirischen Forschung einsetzbar und wird auch breit genutzt. Der Einsatz reicht von der Untersuchungsplanung über den rechnergestützten Entwurf der Erhebungsinstrumente unter Nutzung von Indikatoren- und Methodenspeichern über die Datenerfassung, Behandlung, Analyse bis hin zur Gestaltung des Forschungsberichtes und zur

Datenarchivierung.[1] Die Frage, ob es sich hierbei um eine zukunftsbestimmende Technologie handelt, ist bereits entschieden. Jetzt geht es darum, diese schnell und reibungslos breitenwirksam einzuführen.

2. Erfahrungen zwischen Euphorie und Realismus

In Auswertung einer etwa 2jährigen Erfahrung in der Nutzung der dezentralen Rechentechnik möchte ich im folgenden thesenhaft einige aktuelle Probleme und Bremsmechanismen aufzeigen, die von allgemeinem Interesse sind:

Mühsal des Anfangs

Bei allem Revolutionären der PC-Technik darf nicht verschwiegen werden, daß in der Anfangsphase in Abhängigkeit vom konkreten Einsatzgebiet zunächst ein erheblicher Mehraufwand erforderlich ist, der zeitweilig sogar zu einem Absinken der Effektivität gewohnter Arbeitsabläufe führen kann. Das betrifft sowohl den Mitarbeiter, der unmittelbar am PC tätig ist als auch den Leiter, der für die Einsatzvorbereitung, den richtigen Standort, die Qualifikation der Mitarbeiter, die Softwarebereitstellung, die Organisation von Service-Leistungen und Verbrauchsmaterialien sowie für einen leistungsadäquaten Einsatz und eine hohe Auslastung verantwortlich ist. Dabei hat es sich bewährt, die nötigen organisatorischen Regelungen gleich in der Anfangsphase in Einsatzkonzeptionen festzuhalten. Diese sollten in Abhängigkeit vom Charakter der zu verarbeitenden Daten so wenig wie möglich restriktiv sein. In der Regel wird nach einer ersten Lernphase eine Korrektur dieser Festlegungen erforderlich sein. Behindert wurde die zügige Einarbeitung der Mitarbeiter durch die ungenügende Verfügbarkeit von Softwaredokumentationen, die z. T. ein langes Probieren und Suchen zur Folge hatten und eine relativ hohe Anfangsausfallrate der Arbeitsplatzcomputer AC 7100 (die jetzt aber nach Behebung dieser Störungen zuverlässig arbeiten).

Weniger ist manchmal mehr

In der Anfangsphase stehen die Geräte in der Regel nicht in ausreichender Stückzahl zur Verfügung. Deshalb ist es erforderlich und auch sinnvoll, diese Technik im Mehrnutzerbetrieb laufen zu lassen. Das Bestreben, von Anfang an eine hohe Auslastung der PC's zu garantieren und die Fähigkeit zum Umgang mit neuen Informationstechnologien möglichst breit zu dokumentieren, kann jedoch dazu führen, daß so viele Nutzer sich in die Warteschlange zur Arbeit mit dem PC einreihen, daß die Nutzungszeit für den Einzelnen sich stark verkürzt bzw. man nur sehr selten Zugang hat. Obwohl die Auslastung der Geräte sehr hoch ausgewiesen werden kann, und sehr viele Nutzer beteiligt sind, treten die erwarteten Effekte nicht oder nur sehr zögernd ein. Deshalb sollte eine Auswahl von besonders befähigten Mitarbeitern getroffen werden, die gewissermaßen Brückenköpfe für die computerunterstützte Arbeit in der unmittelbaren Zukunft bilden, so daß größere zusammenhängende Nutzungszeiten zur Verfügung stehen. Das führt gleichzeitig zu einer Stimulierung der ausgewählten Mitarbeiter. Um einen schnellen Zugang auch außerhalb der vorabgestimmten Zeitintervalle zu ermöglichen, haben wir tägliche Expresszeiten vorgesehen, die nicht in die vorherige Terminvergabe einbezogen sind, und die erfahrungsgemäß täglich genutzt werden.[2]

Gegen den Bildungstourismus

Mit der guten Absicht, sich auf das Eintreffen der Computer rechtzeitig vorzubereiten, werden viele Mitarbeiter zu Computerlehrgängen delegiert. Ein großer Teil dient dem Erlernen von Programmiersprachen wie BASIC oder PASCAL. Nach unserer Erfahrung wird nur ein kleiner Teil der Nutzer später selbst programmieren. Darüber hinaus bietet die eigene Erstellung von Computerprogrammen nicht den leichtesten Einstieg in den Umgang mit dieser Technik. Bewährt hat sich ein Einstieg über die Nutzung von menügeführten Anwenderprogrammen, etwa zur Textverarbeitung, zur Tabellenkalkulation oder zur Datenverwaltung je nach Hauptarbeitsgebiet. Dabei ist der Besuch zentraler Lehrgänge nur dann sinnvoll, wenn in deren unmittelbarem Anschluß die Arbeit am Computer möglich ist. Der Effekt derartiger Kurse ist in der Regel nach wenigen Wochen Computerabstinenz wieder verpufft. Mehr bewährt hat sich aus unserer Sicht die arbeitsplatz- und aufgabenbezogene Schulung unmittelbar am Gerät. Hierzu müssen die oben erwähnten „Brückenköpfe" allerdings bereits in der jeweiligen Einrichtung vorhanden sein.

Zur Softwarehygiene

Software läßt sich in der Regel schnell und unkompliziert kopieren. Das führte einerseits dazu, daß sich weltweit Raubkopien verbreitet haben. Andererseits denken sich die großen Softwarehäuser immer raffiniertere Maßnahmen aus, um diesen Prozeß einzudämmen. Das beginnt mit kopiergeschützten Schlüsseldisketten, ohne die man das Programm nicht starten kann und endet mit sogenannten „Computerviren", die unerkannt und latent im Programm enthalten sein können und erst bei Vorliegen bestimmter Bedingungen aktiviert werden, dann aber großen Schaden insbesondere auf Festplattenspeichern anrichten können. Meist sind für Raubkopien nur Kurzdokumentationen vorhanden, die den Einarbeitungsprozeß sehr zeitaufwendig werden lassen, so daß man das, was man vermeintlich zu sparen glaubt, manchmal doppelt und dreifach durch eine weniger effektive Nutzung wieder draufzahlt. Wichtig ist es, innerhalb von Einrichtungen von Anfang an auf Softwarecompatibilität zu achten. Dabei ist auf die offiziell in der DDR vertriebene Software zu orientieren. Bewährt hat sich bei uns die zentrale Wartung der System- und Standardsoftware.

PC's vollbringen keine Wunder

Obwohl es schon bewundernswert ist, was diese kleinen Geräte zu leisten vermögen, so bleibt es doch im Bereich des irdisch Erklärbaren. Insbesondere löst der Rechner nicht unsere fachlichen Probleme, genauer sollte man sagen: noch nicht. Er ist aber bei intelligentem Gebrauch unter Verwendung entsprechender Programmsysteme ein außerordentlich nützliches und leistungsfähiges Hilfsmittel für Aufgaben vielfältiger Art. Für die Analyse komplizierter Zusammenhänge könnte man ihn etwa vergleichen mit einem Röntgenapparat, der vielerart Aufschlüsse über den Zustand eines Patienten gibt, ihn aber nicht heilt. Der Rechner stellt erhöhte Anforderungen an die logische Aufbereitung eines Problems. Das hat eine positive Rückwirkung auf die begriffliche Klarheit in der Problem- und Hypothesenformulierung, was wiederum den inhaltlichen Lösungsprozeß voranbringt. Wir erwarten von der breiten Einführung der dezentralen Rechentechnik einen Impuls auch für die Mathematisierung und die disziplinäre Entwicklung der Gesellschaftswissenschaften.

Vertiefte mathemathische Kenntnisse nötig

Bei anspruchsvollen Aufgaben, etwa der Analyse und Modellierung stochastischer Ursache-Wirkungs-Beziehungen im Rahmen empirischer gesellschaftswissenschaftlicher Forschung, hat es sich gezeigt, daß selbst bei Verfügbarkeit leistungsfähiger Programmsysteme die vorhandenen Kenntnisse z. B. auf dem Gebiet der mathematischen Statistik in der Regel nicht ausreichen, die Möglichkeiten, die der Rechner in der dialogorientierten Arbeit bietet, auch nur annähernd auszuschöpfen. In der wissenschaftlichen Anwendung müssen deshalb neben dem Erlernen des Umgangs mit dem Rechner und dem jeweiligen Programmsystem im gewissen Umfang Spezialkenntnisse auf Teilgebieten der Mathematik erworben werden.

3. Zur Datensicherheit

Die zunehmende Verbreitung der dezentralen Rechentechnik wirft neue Probleme bei der Gewährleistung der Sicherheit der Daten vor unberechtigtem Zugriff, Zerstörung, Diebstahl, Manipulation oder ähnliches auf. In Abhängigkeit vom Charakter der zu verarbeitenden Daten – Vertraulichkeitsgrad, materieller Wert, Folgeschadensensibilität – sind geeignete organisatorische, personelle, technische und programmtechnische Maßnahmen vorzusehen. Hierzu gibt es entsprechende staatliche Regelungen. Daneben ist es wichtig, von Anfang an das Verantwortungsbewußtsein für den Umgang mit dieser sensiblen und teuren Technik und mit Datenträgern zu entwickeln und wachzuhalten. Auch hieraus ergeben sich neue Aufgaben und erhöhte Anforderungen an die Leitungstätigkeit.

Anmerkungen

1 Vgl. J. Gladitz, M. Häder. Zur Nutzung der modernen Rechentechnik in der soziologischen Forschung, in: Informationen zur soziologischen Forschung der DDR, 2/1987.

2 J. Gladitz, I. Pies. Einsatz von Mikrocomputern in der soziologischen Forschung – Stand und Perspektiven, Handbuch der soziologischen Forschung, Methodologie, Methoden, Techniken; Berlin 1988.

Gabriele Bär

Anwender-Unterstützung durch Anwendung des PC robotron 1715 im Zentralinstitut für Wirtschaftswissenschaften der AdW der DDR

Umfassende Intensivierung heißt im Zentralinstitut für Wirtschaftswissenschaften der Akademie der Wissenschaften (ZIW), die Einheit von erhöhtem Niveau auf Grundlagenforschung und den daraus unter den spezifischen Bedingungen der DDR abzuleitenden Konsequenzen für den volkswirtschaftlichen Reproduktionsprozeß und einer paßfähigen, rechnergestützten langfristig analytisch-prognostischen Arbeit in stark verbesserter, durchgängiger Qualität herzustellen.

Um die analytisch-prognostische Arbeit zur reproduktionstheoretischen Forschung mit dem rechnergestützten Arbeitsplatz effektiv, den höheren Anforderungen entsprechend, zu unterstützen, wurden folgende Kriterien in den Mittelpunkt der Erarbeitung des Informationsverarbeitungssystems des Zentralinstituts für Wirtschaftswissenschaften gestellt:

- einfache Handhabbarkeit der Software,
- nutzergerechte Darstellung der Softwarelösungen,
- Lösungsvarianten-Angebote,
- Übungs- und Trainingsmöglichkeiten,
- rechnergestützte Modelle für Planung und Bilanzierung,
- Rationalisierung von Routineprozessen.

Wesentlicher Schritt zur Realisierung eines Informationsverarbeitungssystems des ZIW war die Erarbeitung bzw. Beschaffung von Standardprogrammen mit folgenden Schwerpunkten:

- Einfaches Zeitreihen- bzw. Zahlenreihenanalyseprogramm,
- Programm zur statistischen Datenanalyse,
- Programm zur Unterstützung von Matrizen- und Verflechtungsbilanzrechnungen,
- Programm zur Berechnung gesamtvolkswirtschaftlicher Datensätze.

Die Errichtung des rechnergestützten Arbeitsplatzes als CAD-Arbeitsstation mit PC 1715 orientiert darauf,
das Niveau und die Qualität der im Institut durchgeführten Analysen zu erhöhen,
national und international bekannte Methoden und Modelle weiterzuentwickeln,
Varianten möglicher Richtungen der langfristigen Entwicklung auszuarbeiten,
eine rationelle Datenspeicherung und -auswertung zu ermöglichen,
durch den Einsatz des PC 1715 anschauliche (Bildschirm-) Demonstrationen im Rahmen von Fachvorträgen durchführen zu können und
die Mitarbeiter von aufwendigen Handrechenarbeiten zu entlasten und sie im Umgang mit der Rechentechnik zu qualifizieren.

Am ZIW existieren 2 PC 1715 in der Grundkonfiguration und je ein Drucker EPSON LX-86. Es werden hauptsächlich die Software-Pakete zur Textverarbeitung, zu Datenbanksystemen, zur Modellierung und Kalkulation, zur Anwendung statistischer Verfahren, zur Optimierung und zur Programmierung eigener Programme vorwiegend BASIC genutzt.

Vom EDV-Beauftragten des ZIW wurden 1987 mindestens einmal im Monat Anwender-Schulungen zu der zur Verfügung stehenden Software durchgeführt und grundsätzliche Ausführungen zur Anwendung der Rechentechnik für wissenschaftliche Arbeiten und zur technischen Handhabung des Computers gemacht. Zur weiteren Vervollkommnung der Fertigkeiten am PC 1715 und zur Schulung neuer Mitarbeiter steht der EDV-Beauftragte des Institutes ständig zur Durchführung von Übungen am Rechner zur Verfügung, was auch in großem Umfang genutzt wird.

Besonders ist die diesem Zusammenhang auch das Interesse der technischen Mitarbeiter unseres Institutes für die Anwendung der Rechentechnik hervorzuheben. Hierbei entstehen nur Probleme bei kurzfristig auszuführenden Arbeiten, denn ein operativer Einsatz der zwei PC 1715 ist nicht möglich, da die Planung der Rechenzeiten längerfristig zur vollen arbeitstägigen Auslastung notwendig ist.

Effekte, die schon nach kurzer Arbeit mit dem PC 1715 für viele Mitarbeiter sichtbar sind, bestehen in der schnellen Ausführung umfangreicher Rechnungen, dem problemlosen Kennenlernen von Software-Paketen durch übersichtliche und leichtverständliche Dokumentationen, der schnellen papiersparenden Erstellung von Briefen, Berichten und Studien durch das Textverarbeitungssystem „TP" und der übersichtlichen Erstellung von Tabellen und Datenbanken.

In den kommenden Jahren wird der Bedarf der Anwendung der Computer weiter steigen und die Installierung weiterer Rechner wird unbedingt notwendig. Dann wird auch die 16-bit- und 32-bit-Technik in unserem Institut Anwendung finden, was unumgänglich ist, da sich jetzt schon viele Aufgaben ergeben haben, die für den PC 1715 kapazitätsmäßig zu groß sind, wie Datenbanken, Kalkulationsmodelle und Optimierungen.

Einige Bemerkungen zu den von uns hauptsächlich genutzten Software-Paketen:

1. *Das Textverarbeitungssystem*

Der Textverarbeitungsprozessor „TPG" dient zur bildschirmorientierten Textverarbeitung. Durch zahlreiche Befehle ist die Bearbeitung von Texten sehr schnell möglich. Die in TPG enthaltenen Druckbefehle garantieren, daß fast jede Aufgabenstellung in eleganter Form gelöst werden kann.
Es gibt über 20 verschiedene Möglichkeiten der Drucksteuerung zur Gestaltung einer Seite und dazu 17 verschiedene Schrifttypen beim angewendeten Nadeldrucker.

2. *Das Kalkulationsprogramm*

Das Tabellenkalkulationsprogramm unterstützt die Lösung aller Berechnungsaufgaben für ökonomische als auch für wissenschaftlich-technische Problemstellungen, deren Berechnungsalgorithmus sich in Tabellenform bei wahlfreier Zeilen- und/oder Spaltenorientierung ausdrucken läßt. Die Grundkonzeption sogenannter Tabellenberechnungssysteme beruht auf dem Gedanken, daß sich sämtliche, aus einer Verbindung von Texten (Nomenklaturen) und Daten (einschließlich daraus berechneter Ergebnisse) bestehenden ökonomischen Sachverhalte am besten in Form eines Tableaus darstellen lassen.

Das Kalkulationsprogramm bietet universelle Strukturierungsmöglichkeiten für die Tabellen mit den maximalen Ausmaßen von 63 Spalten und 254 Zeilen, deren einzeln ansprechbare Elemente (Zellen): Texte, Zahlen oder Formeln und die damit berechneten Werte aufnehmen können;
– umfangreiche im Dialog einsetzbare Kommandos zur Eingabe, Organisation, Aus-

wertung und Speicherung von Tabellen, die somit hohe Anpassungsfähigkeit an die speziellen Bedürfnisse des Anwenders bieten;
- Möglichkeiten zur Eingabe vorgefertigter, in Dateien abgespeicherter Tabellen und Kommandofolgen zur Mehrfachnutzung der gespeicherten Informationen;
- bei Bedarf die automatische Berechnung aller Zellen der Tabelle bei Veränderung des Inhalts einer Zelle bzw. auf direkten Befehl des Anwenders.

3. *Das Statistik-Paket*

Das statistische Berechnungssystem ist ein leicht zu erlernendes interaktives statistisches Programmpaket. Leistungsfähige Kommandos zur Dateneingabe, Editierung und Transformation ermöglichen umfangreiche Datenmanipulationen sowie Möglichkeiten, Dateien von und zu externen Anwenderprogrammen zu übertragen.
Bei der Druckaufbereitung besteht die Möglichkeit des Einfügens von Text-Dateien und die Eingabe eines Titels oder Tabellenkopfes zur Druckgestaltung.
In diesem Software-Paket kommen folgende statistische Analysenverfahren zur Anwendung: Varianzanalysen, Chi-Quadrat-Gütetest, Korrelations- und Regressionsanalyse einfache und multiple lineare)
- Berechnungen der beschreibenden Statistik (wie Mittelwert, Standardabweichung, Varianz usw.), Häufigkeitsverteilung, Mann-Whitney U-Test, T-Teste, Erstellung von zweidimensionalen Kontingenztafeln und mehrere Kommandos zur Wahrscheinlichkeitsrechnung.

Weiterhin werden bei uns Programme zur Erstellung von Datenbanken, Optimierungsrechnungen und Dienstprogramme als Disketten-Hilfs- und Datei-Manipulationsprogramme genutzt. Zur Lösung spezifischer Aufgabenstellungen werden kleine Programme größtenteils in der Programmiersprache BASIC von unseren Mitarbeitern selbst geschrieben.
Einige Anwendungsbeispiele der Software-Pakete:
1. Anwendung der RAS-Methode mit dem Tabellenkalkulationsprogramm – Erarbeitung von Entscheidungskriterien zur Nutzung. Hierbei wird folgendes Problem gelöst: Erweiterung der Verflechtungsbilanztabellen um eine Qualifikationsmatrix der Berufstätigen durch Anpassung einer Anfangslösung an Eckgrößen durch Spalten- bzw. Summenvergleich.
2. Statistische Untersuchungen zur Entwicklung der Strukturanteile der Industrieministerien und Industriebereiche unter dem Einfluß des wissenschaftlich-technischen Fortschritts bis zum Jahr 2000 – mit Schätzungen der Strukturanteile; Lösung mit Hilfe des Statistik-Paketes.
3. Entwicklung einer Methodik für prognostische Schätzungen volkswirtschaftlicher und betriebswirtschaftlicher Kennziffern; Lösung größtenteils mit Hilfe des Statistik-Paketes.
4. Analyse und Prognose wichtiger Tendenzen der Zweig- und Bereichsstruktur der DDR mit Hilfe von Optimierungsrechnungen.

Autorenverzeichnis

Prof. Dr. sc. Karlheinz Alpen
Institut für Verwaltungsorganisation und Bürotechnik der Akademie für Staats- und Rechtswissenschaft der DDR

Dipl. oec. Gabriele Bär
Zentralinstitut für Wirtschaftswissenschaften der Akademie der Wissenschaften der DDR

Dr. Johannes Gladitz
Institut für Soziologie und Sozialpolitik der Akademie der Wissenschaften der DDR

Dr. Harri Harrland
Stellvertreter des Generalstaatsanwalts der DDR

Dipl. Math. Günter Kapelle
Zentrum für gesellschaftswissenschaftliche Information der Akademie der Wissenschaften der DDR

Dr. sc. Rainer Koitz
Institut für Wirtschaftsrecht der Hochschule für Ökonomie „Bruno Leuschner“

Dr. Karl-Heinz Oehmke
Stadtgericht Berlin, Hauptstadt der DDR

Dipl. Soziol. Eberhard Pech
Institut für Theorie des Staates und des Rechts der Akademie der Wissenschaften der DDR

Dr. Wolfgang Peller
Ministerium der Justiz, Stellvertreter des Ministers

Prof. Dr. sc. Rudolf Streich
Institut für Wirtschaftsrecht der Hochschule der Ökonomie „Bruno Leuschner“

ABHANDLUNGEN
DER AKADEMIE DER WISSENSCHAFTEN DER DDR

Abteilung Veröffentlichungen der Wissenschaftlichen Räte

Aus den Tagungen des Rates für staats- und rechtswissenschaftliche Forschung der Akademie der Wissenschaften der DDR erschienenen Veröffentlichungen

Jahrgang 1983
Nr. 1 Zur Rechtsentwicklung im Prozeß sozialistischer ökonomischer Integration
1983, 64 Seiten – Gr. 8° – 6,– M
Bestell-Nr. 754 254 4 (2001/83/1/W)

Nr. 2 Rechtswissenschaft und Gesetzgebung
1983, 70 Seiten – Gr. 8° – 7,50 M
Bestell-Nr. 754 255 2 (2001/83/2/W)

Nr. 3 Ökonomische Strategie der 80er Jahre und Effektivität des Wirtschaftsrechts
1983, 47 Seiten – Gr. 8° – 4,50 M
Bestell-Nr. 754 306 1 (2001/83/3/W)

Jahrgang 1985
Nr. 2 Erfahrungen bei der Anwendung des Zivilgesetzbuches in der Praxis
1985, 48 Seiten – Gr. 8° – 4,50 M
Bestell-Nr. 754 548 9 (2001/85/2/W)

Jahrgang 1987
Nr. 1 Der 40. Jahrestag der Befreiung – Vier Jahrzehnte Entwicklung einer marxistisch-leninistischen Staats- und Rechtswissenschaft in der DDR
1987, 67 Seiten – Gr. 8° – 7,50 M
Bestell-Nr. 754 773 1 (2001/87/1/W)

Nr. 2 Zur Tätigkeit der örtlichen Volksvertretungen in der DDR
1987, 52 Seiten – Gr. 8° – 6,– M
Bestell-Nr. 754 774 0 (2001/87/2/W)

Nr. 3 Zur rechtlichen Verantwortlichkeit
1987, 41 Seiten – Gr. 8° – 13,50 M
Bestell-Nr. 754 779 1 (2001/87/3/W)

Nr. 5 Staat und Recht bei der weiteren Gestaltung der entwickelten sozialistischen Gesellschaft nach dem XI. Parteitag der SED
1987, 56 Seiten – Gr. 8° – 6,– M
Bestell-Nr. 754 804 9 (2001/87/5/W)

Jahrgang 1988
Nr. 1 Zur Wirksamkeit und Effektivität des sozialistischen Rechts
1988, 61 Seiten – Gr. 8° – 6,– M
Bestell-Nr. 754 908 4 (2001/88/1/W)

ISBN 3-05-001009-6
ISSN 0138-421X

Bei Fragen zur Produktsicherheit wenden Sie sich bitte an:
If you have any questions regarding product safety,
please contact:

Walter de Gruyter GmbH
Genthiner Straße 13
10785 Berlin
productsafety@degruyterbrill.com